This Handbook was designed and tested in the field during the years 1999 to 2004 by Richard VanNess Simmons(史皓元), Gu Qian, Shi Rujie, and their associates under the Project for the Investigation of the Boundary between Wu and Jiang-Hwai Dialects, funded by the Henry Lùce Foundation U. S. China Cooperative Research Program and the Chinese Foundation for the Social Sciences.

汉语方言词汇调查手册

Handbook for Lexicon Based Dialect Fieldwork

Richard VanNess Simmons 顾 黔 石汝杰编著

中华书局

图书在版编目(CIP)数据

汉语方言词汇调查手册/(美)史皓元,顾黔,石汝
杰编著. - 北京:中华书局,2006.6(2013.5 重印)
    ISBN 978 - 7 - 101 - 05092 - 9

    Ⅰ. 汉…   Ⅱ.①史…②顾…③石…   Ⅲ. 汉语方
言 - 词汇 - 方言调查 - 手册   Ⅳ. H17 - 62

    中国版本图书馆 CIP 数据核字(2006)第 029580 号

书　　名	汉语方言词汇调查手册
编 著 者	Richard VanNess Simmons　顾　黔　石汝杰
责任编辑	舒　琴
出版发行	中华书局
	(北京市丰台区太平桥西里 38 号　100073)
	http://www.zhbc.com.cn
	E-mail:zhbc@ zhbc.com.cn
印　　刷	北京市白帆印务有限公司
版　　次	2006 年 6 月北京第 1 版
	2013 年 5 月北京第 3 次印刷
规　　格	开本/850×1168 毫米　1/16
	印张 12½　插页 2　字数 100 千字
印　　数	6001 - 9000 册
国际书号	ISBN 978 - 7 - 101 - 05092 - 9
定　　价	38.00 元

目 录

说明和用法

　　本手册主要是为调查汉语方言的词汇用的。词条按首字的音序排列,以便查检。包括三个不同用途的调查表——简表、详表和短表——可根据情况自行决定采用哪个表。表格设计时选择的是日常口语词汇,详表设计充分考虑了语音的情况,其中包含了音系和一些重要的语法条目。

　　简表收词 450 个,适宜在某个地区进行面积较大布点较多的调查,以利比较研究。如果发现其中某几个点特别有意思,值得进一步发掘,就采用详表深入调查。

　　详表收词 1900 个,调查完毕对该方言的词汇就有详尽的了解。从词汇的口语音中整理出来的语音系统,更能全面而真切地反映当地方言的实际情况和历史层次。有些音或者一些特殊的语音现象只残存在某些口语词中,如果只用字表去调查就可能遗漏,因而此举可以弥补单字音调查的不足。

　　短表收词 60 个,适用于绘制方言地图、调查方言同言线。在一些方言复杂的地区特别是方言的交界地区,利用简表或详表,经过一段时间的调查,对某地方言有了概略的了解,此时调查方言同言线、绘制方言地图、进行方言分区的研究很有必要。我们从简表和详表中,精选 60 个对内具有代表性对外具有区别性的、有利于进行比较研究的词目,以便在重点市县进行布点十分密集的调查。布点越密集,多点连成的同言线越接近语言事实。

　　详表和简表中有▲者,表示短表中也收的词;详表中有★者表示简表中也收的词语,有◆者是本手册确定的基本词。有的条目下附了各地方言形式的例子,部分用的是同音字,方言形式列在 FY 后,其中一些指明了具体的地点。

　　实地调查时须注意以下几方面问题:

　　1. 发音合作人得是地道的本地人,没有长时间离开过家乡,方言说得很纯粹,受教育程度不必高,识字即可。将合作人的基本情况,填在"调查情况记录表"上。

　　2. 按照本手册的顺序,先调查声调,然后是声母和韵母。

　　3. 记录简表和短表时,声调和声母确定之后,只要初步了解方言的韵母概况即可开始记音,而不必把整个韵母系统完全搞清楚之后才开始工作,在记音的过程中可以回过头来完善此前确立的音系。由于地图和同言线需要很多点的材料,布点很密集,因此不可能在每个点上花太多时间。

　　4. 用国际音标记音。有汉字可写的当场记下来,也可用同音字替代,但必须声韵调全同。可以单用国际音标记录,但是不可单记汉字。

5. 记音时一定要记变调,本调可记可不记,前面的声调表中已经有本调,可以随时查阅。要把发音人实际的口语音记下来,不要在脑中先放个套子,因为有的音既不合本调又不合连读变调规律就受到这个套子的束缚。一些当时看似不合"规矩"的音,其实颇具学术价值。可参阅附录三——三个方言点短表示范。

6. 词的意义必须与所附用例确定的范围相符,以使各地方言词所表达的意义相同,便于比较研究。

7. 调查虚词的用法时尽量把例句完整地记录下来。

8. 注意记录相关的背景资料。

本手册主要是为调查汉语方言的词汇设计的,对研究汉语语音、语法、汉语音韵和语言理论的学生、学者亦有参考价值。

调查情况记录表

调查时间：   年   月   日

地   点：   县/市   乡   村

合作人情况

姓   名：

性   别：男／女

出生年月：

职   业：

文化程度：

幼年语言环境：

在外地的经历：

能不能说外地话（哪一种）：

附记（如本地方言印象等）：

声调调查表

阴			阳			阴			阳		
平	上	去	平	上	去	平	上	去	平	上	去
全清			全浊			全清			全浊		
翻	反	贩	帆	范	饭	包	饱	报	跑	抱	刨
全清			次浊			次清			全清		
鲜	癣	线	篮	懒	烂	推	腿	退	消	小	笑
全清			全浊			全清			全浊		
猪	主	蛀	橱	柱	住	东	懂	冻	铜	动	洞
入											
全清	次清	全浊	全清	次清	全浊	全清	次浊	全浊	全清	次浊	全浊
节	切	茄	百	拍	白	桌	落	浊	竹	木	熟

平	全清								次清	
	多	沙	瓜	输	飞	尖	音	专	村	通
	次浊					全浊				
	圆	毛	楼	年	咸	瓶	婆	台	船	裙

上	全清								次清	
	火	写	手	紧	嘴	响	打	胆	考	抢
	次浊					全浊				
	冷	我	买	软	网	竖	近	淡	棒	厚

去	全清								次清	
	半	暗	税	送	店	炭	骗	唱	气	怕
	次浊					全浊				
	卖	外	岸	问	用	树	大	换	顺	害

入	全清								次清	
	急	笔	一	湿	黑	割	说	鉄	七	尺
	次浊					全浊				
	肉	六	热	袜	麦	合	直	白	毒	薄

	平	上	去	入
清				
次清				
次浊				
全浊				

声母概况调查表

[帮]	包		冰				
[滂]	泡		喷				
[並]	皮		病				
[明]	猫		门	米			
[非]	福		分				
[敷]	肺		蜂				
[奉]	肥		饭				
[微]	尾		忘				
[端]	刀		等				
[透]	梯		汤				
[定]	同		定				
[泥]	泥		牛		难		碾

[来]	梨		流		兰		脸	
[精]	子		走		尊		井	
[清]	次		凑		村		请	
[从]	自		在		坐		钱	
[心]	四		伞		锁		先	
[邪]	词		谢					
[知]	追		长（生长）					
[彻]	超		抽					
[澄]	茶		住		赵			
[庄]	债		抓					
[初]	抄		窗					
[崇]	愁		床					
[生]	瘦		双					
[章]	枝		砖					

[昌]	车		穿			
[船]	蛇		船			
[书]	少多少		书			
[禅]	时		树			
[日]	人		软			
[见]	歌		经			
[溪]	苦		圈圆圈		气	
[群]	共		裙		近	
[疑]	饿		瓦		元	
[晓]	海		火		血	
[匣]	号儿号		限			
[影]	安		碗			
[云]	有		圆		王	
[以]	容		用		野	

韵母概况调查表

[果]	多	饿	果	靴			
[假]	家	沙	写	花			
[遇]	土	苦	初	句			
[蟹]	来	矮	街	泥	杯	碎	快
[止]	指	字	诗	寄	耳	飞	鬼
[效]	毛	包	小	腰			
[流]	头	走	九				
[咸阳]	男	咸鹹	盐				

［深阳］	林	针					
［山阳］	难	天	看	满	关	远	
［臻阳］	根	亲	孙	滚	顺	雲	
［宕阳］	忙	两ㄦ两	床	望			
［江阳］	窗	讲					
［曾阳］	等	蒸					
［梗阳］	坑	硬	平	星	横	永	
［通阳］	通	风	用				
［咸入］	答	磕	鸭	接	跌	法	

[深入]	湿	急					
[山入]	辣	杀	热	切	活	滑	月
[臻入]	笔	日	突	骨	出		
[宕入]	落	药	郭				
[江入]	剥	角					
[曾入]	墨	直	色	国			
[梗入]	拍	客	石	笛			
[通入]	哭	六	绿	玉			

开	齐	合	撮

汉语方言词汇调查详表

A

1 阿姨(母亲的姐妹)'maternal aunt，mother's sister' 注意:年龄长幼/结婚与否/当面和背后的称呼

2 矮(个子矮/树长得矮)◆★'short(height)'

3 艾草◆★'Chinese mugwort（*Artemisia argyi*）'

4 安静/清静(这个地方很安静)'quiet' 丹阳:静背

5 岸(河岸/岸边) ◆★▲'bank，shore' FY:涯

6 按(按电铃/用手按住)'push，press down on' FY:摁/揿 溧水:捺 靖江:揩

7 暗(屋子里很暗) ◆★'dark，dim'

8 肮脏◆★'dirty，filthy' FY:龌龊/邋遢 金沙:赖打

9 凹(凸的反面)'sunken，concave，dented'

B

10 疤◆★'scar' 姜堰:疤儿 海门:疤板

11 拔'pull up/out'(1)拔牙'pull teeth'，(2)拔草'pull weeds'

   锄(锄草)'hoe up weeds'◆★ FY:薅草/脱草/削草

12 拔鸡毛/拔毛'pull out feathers' 泰兴:挦毛 如东:摘毛

13 把 ◆★ (1)一把刀;一把米 [Measure for knives, handfuls, etc.],(2)斤把'approxi-
    mately one catty',(3)介词 [Preposition]:把门关上/ 把桌子搬过来/ 把衣服洗干净。
    注意:用不用"把"有无区别。

14 把(尿/大便)'to hold a young child in a position to urinate or deficate' 高邮/通州:端
    丹阳:掂

15 把脉'to take a pulse' FY:搭脉

16 掰(把西瓜掰成两块)'to break apart with thumb and fingers'

17 白(白跑了一趟/白给的东西)'in vain, for nothing'

18 白天 ★'daytime' FY:日里 如皋:日的

19 百(一百)'hundred'

20 拜'pay respects to, worship, visit'(拜年'pay a New Year's call'/拜佛'worship Bud-
    dha'/拜祖先'bow in obeisance to ancestors')

21 稗子'barnyard millet'[a weed that grows in rice fields and grain fields] FY:稗草

22 扳'pull, turn'(扳指头'count on the fingers'/扳倒石碑'pull down a rock slab')

23 班 ◆'shift, duty, class, squad'(上8点的班)

24 搬'move (home), remove'(搬家/ 搬家具/ 搬开石头)

25 半(一半/半只鸡)'half'

26 拌/搅拌(搅/搅拌/使混合/搅和/拌匀/拌饲料)'mix, stir' 金沙:柳

27 绊(被石头绊了一个跟头)◆★'stumble on，trip over'

28 瓣(一瓣桔子)'petal' 苏州:囊

29 帮/帮助/帮忙'to help'

30 绑(把人绑起来)'to tie up'

31 蚌'freshwater clam' FY:歪歪/歪周/河歪/水菜

32 傍晚/黄昏/天黑 ◆★'dusk，nightfall' FY:下晚点/夜快/齐夜

33 棒槌'wooden club' FY:捶棒/被棒/捶衣棒/ 棍子/槐(音)杖

34 包（包起来/一包花生米)'to wrap；bundle，package'

35 剥(剥蛋壳/剥桔子皮)'to peel，to shell'

36 薄(薄的木板/薄的纸)◆★'thin' FY:枵

37 饱(吃得很饱)◆★'to be full (after eating)'

38 抱(抱小孩/抱一捆稻草)◆★'to carry in the arms，embrace' FY:捇

39 抱窝鸡(名词)'brooding hen' FY:孵鸡

40 刨(木匠刨木头/把木板刨光)'to plane'

41 刨子(木工用)'plane'

42 爆米花'puffed rice' FY:炒米/炸炒米/爆炒米

43 爆竹 'firecracker' FY:炮仗/高升

44 杯子 'cup，glass' FY:茶杯儿/茶缸

45 背(驮/背一包米/背书包/背小孩) 'to carry on the back'

46 北/北边 ◆★ 'north'

47 背/背心(身体部分) 'one's back，back of the body'

48 背书 ◆ 'recite from memory'

49 背心(坎肩,一种衣服) 'vest, sleeveless garment'

50 被 (茶杯被打破了/我被他吓了一跳) ◆★ [*Preposition* marking passive recipient of an action]

51 被子/ 被单/ 被窝 ◆★ 'quilt, bed sheet，bedding'

52 本来 (他本来就聪明,一学就会) 'from the start，at first, originally' FY:胎生/天生

53 本领 (有本领) 'skill， capability' FY:来事

54 本子 'notebook，booklet' 吴语/江淮:簿子

55 笨(不聪明) 'stupid'(嘴笨/手脚笨)

56 鼻涕 ◆★ 'nose mucus, snivel' FY:鼻子

57 鼻子 'nose' 擤鼻涕 'blow the nose'

58 荸荠 'water chestunt (*Eleocharis tuberosa*) FY:地栗/蒲齐/荠子

59 比 ◆★ (1)他比我高/这个比那个好 [*Preposition* marking the comparative],(2)比长短 'to compare'

60 比如(比如有十万块钱,你怎么用?) 'for example'　吴语:譬如

61 笔(1)写字工具 'pen, pencil, writing brush',(2)一笔生意/一笔钱 [*Measure* for sums, transactions]　吴语:注

62 滗干(把碗里的水滗干) 'strain off, drain, decant'

63 壁虎 'gecko, house lizard'　高淳:四脚蛇

64 篦子(密齿的梳头工具) 'fine-toothed comb'

65 边(旁边/桌子边上) 'side, edge, rim'

66 蝙蝠 'bat (the flying mammal)'　FY:油老鼠/偷油老鼠　苏州:蝙蝠子

67 鞭炮 'string of firecrackers'

68 扁(盒子压扁了) 'flat, flattened'

69 扁担 'shoulder pole'

70 变戏法 'do magic tricks'

71 辫子(打辫子) 'braid, pigtail'

72 遍(说一遍) [*Measure* for times something is done completely]

73 别处/别的地方 'another place'

74 别的(我不要别的,只要这个) 'other, another'

75　别人(不要告诉别人)'other people'

76　瘪(气球瘪了)'deflated，shrivelled，shrunken'

77　冰 ◆'ice'　溧水:冰冻子

78　冰雹(下雹子)'hail，hailstone'

79　冰棍儿'ice pop'　FY:棒冰/冰棒

80　冰锥儿'icicle'　FY:凌铎/冻丁丁儿/冰凌当

81　柄(刀柄) ◆★'handle'　注意:和"把儿"bàr 有无区别

82　饼'flatcake，cracker'

83　病(有病/生病/治病)◆★▲'ill，sick，illness'

84　拨(把脸上的头发拨开/把泥拨开)'brush aside，brush off'

85　拨饭(从碗里把饭拨出一部分[给别人])'push rice（out of one's bowl to give to others）'　FY:减饭

86　菠菜'spinach'

87　播种'sow seed'

88　伯父 ◆★'father's elder brother'(面称和背称)　吕四:大大[白读]

89　伯母 ◆★'wife of father's elder brother'(面称和背称)　吕四:妈妈

90　脖子 ◆★'neck'　泰州:颈项　靖江:颈脖子　吴语:头颈

猪脖子的肉(食品)'pork shoulder meat'　FY:槽头肉/槽圈/领圈肉

91　簸箕/畚箕'dustpan'　FY:粪箕/簸斗

92　补(补袜子/打一个补丁)'to patch，mend'

93　不 ★▲（是不是/不去）〔Adverb：plain negative〕

94　不必/不用(你不用担心)'no need to，need not'　FY:用不着

95　不错(这样做倒不错)'not bad，pretty good'

96　不倒翁'roly-poly doll'　扬州:扳不倒子　无锡:拨不倒

97　不得了(程度:好得不得了)'extremely serious，disastrous'

98　不过 (1)连词'but，however'〔Conjunction〕，(2)有无"好不过"的说法，表示很高程度〔Adverbial complement indicating highest degree〕

99　不讲理'unreasonable'　FY:猛门

100　不如(这些房子不如那些房子好)'not as good as，inferior to'　FY:不及

101　不要(别怕) ★▲'don't'〔Negative imperative〕　注意:"不要"的合音

102　不止(不止十块钱)'not just，not limited to'　苏州:不罢

103　布(做衣服的布)◆★'cloth'

104　步(走了三步)'step，pace'

C

105　擦(擦桌子/擦黑板/擦玻璃/擦身子)◆★'to wipe'　FY:揩/捵　吕四:"仓"去声

106　礤床(礤萝卜丝等用的器具)'grater'　FY:刨子

107　猜(猜猜看/猜谜)'to guess'

108　才(他来了,我才可以走/他才来了三天)◆★'not until，only'〔*Adverb*〕

109　裁(裁衣服/裁纸)'to cut out'

110　踩(〔把虫子〕踩死/〔把烟头〕踩灭)◆★'step on'

　　踏(踏水车)'to pedal'

111　菜　◆★▲(1)种在地里的菜'vegetables, greens',(2)菜肴'cooked food'

112　菜刀　◆★'kitchen knife'　FY:薄刀

113　菜畦'vegetable bed, garden plot'〔including *measure* for the same〕　注意:调查量词
　　用法(一垄田/一垄菜/种一畦菜)　丹阳:伦

114　菜园'vegetable garden'　FY:园圃

115　蔡(姓蔡)◆★▲〔*Surname*：Cài〕

116　蚕　◆★'silkworm'　FY:蚕宝宝/宝贝

117　蚕豆'broad bean'　FY:寒豆

118　蚕茧'silkworm cocoon'　FY:茧壳/茧果子

119   苍蝇'fly'

120   藏/收藏 ◆★'to store away'   FY:囥

121   草/青草'grass, straw，hay'

122   草帽'straw hat'   FY:凉帽/箬帽

123   草鞋'straw sandals'

124   厕所'toilet，latrine，water closet'   FY:茅坑/茅厕/茅缸

125   层 ◆★（一层泥/一层楼）'layer, tier'

126   插(把筷子插在筷笼里)'stick in，poke into'

127   插秧 ◆★'transplant rice seedlings'   FY:莳秧/栽秧

128   茶(水中无茶叶时[即白开水]能否说"茶")◆★▲'tea'

129   茶壶'teapot'   FY:铫子

130   茬(收割后留在地里的稻麦的茎,杆)'stubble (left after harvesting a grain crop)'
       FY:稻桩/稻杆

131   差(差一点)'lacking, fall short'   吕四:摊班一点点［差一点］(即"推板")

132   差(这些东西都很差/质量很次)'inferior，poor quality'   FY:推板/蹩脚

133   差不多(1)两个人长得差不多'similar，about the same'，(2)头发差不多全白了
       'almost，nearly'

134　拆(拆墙/把信拆开)'tear down, tear open'

135　搀(搀点水/兑点水)◆★ 'to mix in, add (to a liquid)'　FY:和水/镶水　注意:不是液体,用什么动词?

136　馋/馋嘴 'gluttonous, voracious'

137　蝉(知了)'cicada'　溧水:叽了子　泰兴:假雷　丹阳:知么

138　蟾蜍/癞蛤蟆'toad'　FY:癞宝/癞团/癞狗宝宝

139　产妇'postpartum woman'　苏州:舍姆娘　靖江:伞户人(按:伞,"产"[所简切]的本音)

140　长(绳子很长/时间很长)◆★▲ 'long'

141　肠子/肚肠 'intestines'

142　尝(尝味道)◆★ 'to taste'

143　常常(他常常去南京)'often, frequently'

144　唱歌'to sing'

145　吵/闹 (1)声音杂乱'noisy',(2)争吵'quarrel'

146　吵架 ◆★ 'squabble, quarrel'　FY:(吵)相骂

147　炒(炒菜/炒豆子)'stir-fry'

148　车/车子 ◆★▲ 'vehicle, cart, car'

149　沉(沉在水里面)'to sink'　泰州:时[下沉]

150 沉淀(让水缸里的水澄清)◆★'[allow sediment] to settle'　FY:钉(阴去)

151 陈(姓)◆★〔Surname：Chén〕

152 衬衫'shirt，blouse'

153 趁'take advantage of'(趁早/趁……的机会)

154 称(用秤称)◆★'to weigh'

155 撑(撑船'punt a boat'/撑伞'open an umbrella'/(用肘)撑起来'support with one's elbow')　注意:是否读去声

156 城里(进城/城里人)'in town，inside the city'　FY:街上

157 程(姓)〔Surname：Chéng〕

158 乘凉 ◆★'relax in a cool place'　FY:吹风凉/乘风凉

159 盛饭/添饭 ◆★'fill a bowl with rice'　FY:装饭/舀饭　注意:"添饭"和"盛饭"有无区别

160 秤(杆秤/秤砣)◆★'balance scale，steelyard'

秤足'weigh as much as or more than desired'(指用杆秤称东西时,分量足,秤尾往上翘)

秤不足'underweigh，weigh less than desired or expected'(指分量不足,秤尾往下掉)(泰州:痞　金沙:皮/坍)

161 秤纽'the lifting cord of a steelyard'　FY:秤毫/秤毫系

162 吃(吃饭/吃苹果)'to eat'(儿童语词怎么说? 能说"吃茶"吗?)

163　吃不下/吃不消 ◆'unable to eat (anymore)' 　注意作补语时怎么说

164　吃惊'take a fright，be startled'

165　吃亏'suffer a loss，be at a disadvantage'

166　吃饭（一天各餐的名称）◆★'to eat'

　　　　　　早饭　　　　　　　　　　午饭　　　　　　　　　　晚饭
　　　　　　'breakfast'　　　　　　　'lunch'　　　　　　　　'dinner'

167　池塘（养鱼的池塘）'pond' 　FY:塘/水塘/汪塘

168　迟（来得太迟了）'late，tardy' 　FY:晏

169　尺 (1)尺子'ruler',(2)长度单位［unit of length (1/3　meter)］:一尺布

170　赤脚（光脚）'barefoot'

171　翅膀'wing' 　海门:蒜尖 　金坛:披膀

172　冲 (1)冲茶'pour boiling water on tea to brew it',(2)河堤冲垮了'burst through'

173　舂（舂米）'pound with a pestle' 　宝应:舂碓 　海安:机米

174　虫子（那是什么虫子?）'insect，bug，worm'

175　重阳（农历九月九日）'the Chóngyáng Festival，the 9th day of the 9th lunar month'

176　抽筋/痉挛'pull a tendon，get a cramp in a limb' 　FY:就筋/牵筋

177　抽签/抓阄'draw lots' 　苏州:摸彩

178 抽屉 'drawer' FY:抽子/抽头

179 稠(粥很稠)◆★ 'thick (of liquid)' 比较"草很密",见"密/稠密"

180 臭（肉臭了/脚很臭）'smelly，stinking'

181 臭虫 'bedbug' FY:臭虱/壁虱/臭壁虱/扁螂

182 出（出来/出去）'to go/come out，exit'

183 出嫁（嫁出去）◆★'(of a woman) to marry' FY:出门

184 初一（三月初一/正月初一/大年初一）'the first day (of the month or year)'

185 除夕 'New Year's Eve' FY:三十晚/三十夜/ 大年夜

186 厨房 'kitchen' FY:灶间/锅屋

187 锄头 'hoe' （注意:"锄"的读音）

188 橱/柜子/菜橱 'cabinet，cupboard' 注意分别

189 穿 (1)穿针 'thread a needle',(2)穿衣服 ◆★ 'put on clothing'

190 传（用手传递东西）'transmit，pass on'

191 传染 'infect' FY:过

192 船（一条船）◆★ 'boat'

193 椽子（架起屋面和瓦的木条）'rafter'

194 喘气（急促呼吸）'pant，gasp for breath'

195　串(一串葡萄/一串鱼/佛珠)'string of, bunch, cluster'[*Measure*]

196　窗户/窗子/窗台'window'　FY:窗盘

197　床(一张床/一床被子)◆★'bed'

198　吹(吹灯/吹口哨)'to blow'

199　吹牛(说大话)'to brag, boast'

200　炊帚'pot scouring brush'　FY:洗锅帚子/筅帚

201　垂(下垂/帘子垂下来)'hang down'

202　捶(捶背)'pound (with fist)'

203　锤子'hammer'　FY:榔头

204　春天　◆★'spring'

205　祠堂'ancestral temple/hall'

206　磁铁'magnet'　FY:吸铁石

207　次/趟(我只穿过一次)'time, instance'[*Measure*]

208　刺(捅/戳/扎)'stab, prick'

209　刺猬'hedgehog'　FY:刺鱼/偷瓜畜

210　葱'scallion, onion'

211 聪明 'clever，bright'

212 从（从哪里来？/从这扇门出去）◆★ 'from'   金沙：走（他走南通来）

213 从来（不/没有）'never'（我从来不看电视/ 从来没……过 /我从来没去过北京）

214 从前（过去）'in the past，before'   FY：从先/打头   金沙：朝番之

215 凑热闹儿 'join in the fun/trouble'   FY：轧闹猛

216 粗（胳膊粗/粗沙）◆★ 'thick，coarse'   金沙：树长得粜

217 促狭 'mischievous'   FY：促掐

218 醋 'vinegar'   FY：酸醋

219 脆（容易折断破碎）'brittle，crisp'

220 村子 ◆★ 'village'   FY：庄/庄子

221 搓板/洗衣板 'washboard'   FY：擦板/搓衣板

222 撮（撮一点烟）'take up with fingers'

223 错（弄错）'mistaken，wrong'

D

224 搭 (1)搭棚子 'put up (a tent)'，(2)肩上搭块毛巾 'hang on (one's shoulder)'

225 答应 (1)喊了好几声，也没人答应。'respond'，(2)怎么求他，他也不答应 'agree'

226 打（用拳头打/打小孩）'hit，beat'

227 打扮 'dress up'

228 打赌 'to bet，wager'　FY:赌东东/旺东道

229 打耳光 'slap in the face'　FY:掀/攉他个哇（阴入）腨

230 打嗝儿 ◆★ 'hiccup，burp'

　　　饱嗝 'burp'　吕四:gɛ(阳上)　如皋:慨饱

　　　冷嗝 'hiccup'　FY:打嗝得/打冷精/打冷噎

231 打哈欠 'yawn'

232 打鼾/打呼噜 'snore'　FY:打昏/抽呼

233 打架 ◆★ 'fight，come to blows'　FY:打仗/打相打

234 打瞌睡/打盹 ◆★ 'doze，nod off'　FY:打瞌铳/铳盹/瞌困　溧水:铳盹

235 打雷/雷 ◆★ 'to thunder'　FY:雷响/响雷　吕四:响阵头

236 打水漂 'to skip stones'　FY:打水撇/削水片/打水漂

237 打算/预备 'to plan'

238 大 ◆★▲ 'big'

239 大伯子 'husband's elder brother'（丈夫的兄弟姐妹的称呼/面称和背称）

240 大豆/黄豆（生的/干的）'soybean'　FY:新鲜的叫"毛豆"

241　大家　◆★ 'everybody'（大家一起做）

242　大舅子 'wife's elder brother'（妻子的兄弟的称呼/面称和背称）

243　大雁/雁 'wild goose'

244　大约/……左右 'about, approximately'　丹阳:毛 10 天

245　代/代替 'take place of，substitute for'

246　带（带孩子去）◆★▲ 'take along'

247　带子（一根）★ 'belt, band, ribbon'

248　袋子　★▲ 'bag，sack'（米袋）　FY:袋袋

249　待（dāi）（我在这里待两天）'stay'　FY:登

250　戴（戴帽子/戴眼镜/戴孝）◆★▲ 'put on，wear（gloves，glasses，etc.）'

251　单身汉（能否用于女性）◆★ 'bachelor'　FY:光棍/ 光光堂

252　胆小 'cowardly，timid'

253　淡　◆★ (1)味儿淡 'tasteless，not salty enough'，(2)颜色淡 'light，pale（of color）'

254　蛋/鸡蛋/蛋白/蛋黄　◆★ 'egg/ chicken egg/ egg white/ yolk'　注意"黄"的读音，吕四"黄"阴平。

　　　旺鸡蛋[喜蛋]（食品，孵化失败的鸡[或鸭]蛋）

255　挡/挡住（我看不见,你挡住了我）'block, be in the way of'　金沙:汤

256 当(我当他回去了)'treat as，think（sth. to be the case）'

257 当（1）动词：当衣服'to pawn'，(2)当铺'pawnshop'

258 刀子'knife'

259 倒(大树被风吹倒了)'topple，collapse'

260 倒霉'have bad luck' FY:倒运/ 触霉头

261 倒(倒茶/斟(酒)/倒垃圾)◆★'pour，dump' FY:酾(酒/茶)

262 倒水'pour out water' 海门:滑水 南通:挖水

263 倒立'stand upside down' FY:竖蜻蜓/ 拿大顶/竖铁信

264 到(到哪一天？/到哪里？/扔到水里)'to，up to'

265 到处'everywhere'

266 道士'Daoist'

267 稻草'rice straw' 吴语:稻柴

268 稻谷'rice in the husk, paddy'/瘪谷(秕)'unplump, blighted grain'

269 稻穗/麦穗'spike or ear of the rice plant'/'wheat tassel'

270 稻子(水稻)◆★▲'rice in the field, paddy'

271 得'get, obtain, gain'(得到/晓得/认得)注意"得"的形式(声母等读音)

     得(助词)〔*Potential complement marker*〕★（吃得下/ 打得过，打不过/拿得动,拿

不动/说不过他）注意:这样的格式中,补语和宾语的相互位置

得很[程度][*Extent complement*:'quite,very']（这朵花好看得很）

得 [*Extent complement marker*] ★（跑得很快/说得很好/雨下得不小）

得 [*Descriptive complement marker*]（累得动不了/贵得要命）

272 的 [*Attributive marker*: *possessive*]★▲（我的妹妹/你的田/伯伯的房子/衣服的料子）

的 [*Attributive marker*: *relative clause*] ★（嫁出去的女儿/他说的话/卖菜的[人]/他说的话）

的 [*Attributive marker*: *descriptive or modifier*]（好看的衣服/绿的树叶）（常州等地有"佬"和"个"区别）

的（地）（助词）[*Adverbial marker*] ★（好好儿地走,别跑!）

273 灯 'lamp,light'

274 等 'wait'(1)等人,(2)等一会儿

275 凳子 'stool,bench'

276 低 'low'◆★（房子很低/地势低/声音低/天花板很低）

低头 'lower the head'　FY:揹头/闷头

277 堤（河堤/堤岸）'dyke,embankment'　吕四:岸　溧水:河埂　注意:问一般的河堤

278 滴（滴下来/水在滴/一滴水）'drip'[*noun and verb*]　动词,吴语:渧（"低"去声）

279 嘀咕 'mumble,whisper,mutter'　FY:叽咕/咕哝　吴语:咕[gu]

280　底(鞋子的底,锅底)'bottom，base'

281　地(种地/丢在地上)'ground'

282　地方 ◆★ 'place'　金沙:落场　苏州:场化

283　地基/宅基'foundation'

284　弟弟(面称和背称)◆★ 'younger brother'

285　弟媳'younger brother's wife'　FY:弟新妇

286　第一(次)/头一(次)'the first'

287　颠倒(字写颠倒了)'upside down'

288　点(点灯/点一根香)◆★ 'light (a lamp/incense)'　FY:上灯

289　点头 'to nod (the head)'

290　点心(1)糕点 'small pastries',(2)正餐以外的一餐'snack'

291　踮脚'tiptoe'　苏州说"颠脚"

292　店/商店(一家)'store，shop'[and *measure* for the same]　FY:一爿店

293　电 'electric，electricity'

294　垫(垫一张纸)'to pad with，to put sth. under'

295　垫子(垫被/稻草垫)'pad，mat，cushion'

296 掉（掉下来/掉头发/掉叶子/掉了钱包）◆★ 'fall out, shed, drop off, lose' FY:落

掉（坏掉了/跑掉了/拿掉[动词后加成份]）◆ [*Result complement* : 'off, away, re-moved'] FY:脱

297 跌（跌倒）'fall, tumble'

298 叠/叠起来 'pile up, fold' 量词:纸[沓]/碗碟[摞][*as measure* : 'a pile of']

299 碟子 'small plate, dish' 注意和"盆子"、"盘子"的异同

300 叮（虫子叮人）'sting, bite' FY:咬人

301 钉子 'nail, tack'

302 顶(1)顶撞 'go against',(2)一顶蚊帐 [*Measure* for mosquito nets, hats, etc.]

303 顶针 'thimble' FY:针窠/针箍

304 钉 'nail to, tack to, sew on'（把牌子钉在墙上）

305 定 'fix, set, settle, decide, establish'（定日期）

306 丢/扔（不小心丢了/把它丢掉）◆★ 'toss, cast, toss away' FY:笃/挥（去声）/掼/笃 吕四:撂

307 丢脸 'lose face, be disgraced' 金沙:坍锍

308 东/东边 ◆★▲ 'east'

309 东西（用的东西）◆★▲ 'thing' 吴语:物事

310 冬天 ◆ 'winter'

311 懂(外国话我不懂)◆★▲'understand'

312 动(动啊动的/站着不动)◆★▲'move, stir, get moving'

313 冻(天这么冷,都冻死了/肉冻/鱼冻)◆★▲'freeze; jelly, gelatin'

314 洞(山洞/窟窿/老鼠洞)◆★▲'hole, cavity'(大小不同,名称有不同吗?)

315 都(他们都来了)(副词)◆★'both, all'   金沙:灿(瓶里灿是水)   泰兴:总

316 斗(一斗米)'peck [unit of dry measure for grain]'

317 斗笠'conical bamboo hat'

318 抖搂(抖动衣服、被子等,把附着的东西抖下来)'shake out, shake off'   FY:敨("透"上声)

319 陡(楼梯很陡)◆★'steep'   苏州:绽(音)

320 斗鸡眼'cross-eye(d)'

321 豆(豆子)'bean'

322 豆腐/豆腐干'bean curd/dried bean curd'

323 豆腐乳'fermented bean curd'   苏州:腐乳

324 豆荚(里面有豆子)'bean pod'注意"荚"(古协切)的读音。

325 逗(逗孩子)'tease, kid with'   FY:引

326 毒死(毒鱼/毒老鼠)'kill with poison'   FY:药死

327 毒药(毒的/有毒)'poison'

328 读书(指上学,受教育)'read，study，attend school'

329 独自/自个儿/一个人'alone，by oneself'

330 赌博(赌钱)'to gamble，gambling'

331 肚脐/肚脐眼儿'navel，belly button'

332 肚子 ◆ (1) dùzi 腹部'belly，abdomen'，(2) dǔzi(食品:猪的肚子)'tripe'

333 杜(姓,杜甫)[Surname：Dù]

334 端(端凳子) ◆★▲'carry or hold with both hands (usually holding it level)'   FY:掇

335 端午节(农历五月初五)'the Dragon Boat Festival (the 5ᵗʰ day of the 5ᵗʰ lunar month)'

336 短(带子短/时间短)◆★'short (in length)'

337 短裤'short pants'   FY:裤头/裤子头

338 段(一段路,姓)'segment，section；[Surname：Duàn]'

339 断(竹竿断了) ◆★'break，break off，snap'

340 堆(量词) [Measure：'pile，heap'](一堆牛屎/稻草/ 垃圾)

341 对(对不对)'right，correct'

342 对(量词) [Measure：'pair，couple'](一对枕头)

343 对(我对他说/他不会对你怎么样)［*Preposition*：'to，with regard to'］

344 对面(马路对面)'opposite side，facing side，across from' FY:对过

345 蹲 ◆★'to squat on the heels' FY:存("蹲"的古音,徂尊切) 吴语:部(音)

346 钝(刀子钝了)'dull，blunt'

347 顿(吃一顿/打一顿)［*Measure*：'meals，scoldings，etc.'］

348 多［*Prefix* attached to adjectives to form interrogatives］(这个东西有多重呢？/你来
多久了？)

349 多(很多/好得多) ◆★'many，much，more，a lot'

350 多少(问数量)'how many，how much'

351 朵(一朵花)［*Measure* for flowers，individual blossoms］

352 躲起来(躲开)'to hide (oneself)，get out of sight，dodge'

353 剁(剁肉/剁菜) ◆★'to chop up，dice，mince' FY:斩(阴平)

354 跺脚'stamp one's foot' FY:得脚 吴语:顿脚/ 跳脚

E

355 鹅'goose' FY:白乌龟

356 额/额头'forehead' FY:额角头/脑门子

357 恶心(有点想吐) ◆★'feel nauseated' FY:反

358　饿(肚子饿)'hungry'

359　儿女/子女(总称)'sons and daughters，children'　吴语:肚细

360　儿子　◆★▲'son'　（排行:大儿子/小儿子）

361　耳朵　◆★▲（耳朵背）'ear'

362　耳环(戴耳环)'earring'　FY:环子/耳朵圈

363　耳挖'earpick'　FY:耳扒子/挖耳

364　二流子/流氓'loafer，idler，bum，rogue，hooligan'　FY:马溜子/甩子

F

365　发愣/愣/发呆'stare blankley，be in a daze'

366　发抖(哆嗦)'shake，tremble，shiver'　吕四:濑(巨禁切)（方言读阳上）

367　发疯(疯子)'go crazy，become insane'

368　发酵/发酵粉　◆'ferment，leaven/leavening'

369　发霉/霉'get mouldy/mould，grow mildewed/mildew'

370　发脾气'get angry，lose one's temper'

371　发烧　◆★'have a fever'　FY:发热/发寒热

372　帆船'sailboat'　FY:篷船/扯篷船

373　番茄/西红柿'tomato'

374 翻(把衣服翻过来/翻开书/翻船) ◆★ 'turn over' FY:桌

揭(把被子掀开/把盖子揭开)'take off, uncover, lift' FY:桌

375 翻跟斗(向前翻/向后翻)'do a somersault, fall head over heels'

376 反(衣服穿反了/照片挂反了)'in reverse, backwards, inside out, up side down'

377 反而/反倒'on the contrary'

378 反面'reverse side, opposite'

379 反正/横竖'anyway, at any rate, in any case'(不管你去不去,反正我是要去的)

380 饭(干饭/米饭)'cooked rice, meal'

381 饭粒'grain(s) of cooked rice' FY:米糁 溧水:饭米子

382 范(姓) ◆★ [Surname：Fàn]

383 方(形容词/姓)'square'[also surname：Fāng]

384 方便'convenient' FY:便当

385 房间(单间的,和房子不同) ◆★ 'room'

386 房子(盖房子;屋)'house, building, room'

387 放 (1) 安放 (放在桌上)'put, place' FY:摆/安/搁,(2) 放牛/放鸭 'put out to forage'

388 放屁'to fart' 吴语:拆屁

389　飞(鸟飞了)'to fly'

390　非常(程度)'extrordinary，extrordinarily，extremely'

391　肥(猪很肥/肉很肥)'fat，plump (of animals or meat)'(比较"胖"、"壮")

392　肥料'fertilizer'　吕四:壮头　金沙:罂壅

393　肥皂 ◆★'soap'　FY:洋碱/皮皂

394　肺'lungs'

395　痱子 ◆★▲'prickly heat rash'　吕四:热疮　丹阳:热疥　如皋:批子(即"痱子"的读音,和吴语同。)

396　分(1)我有两个,分给你一个'share (with)，distribute (to)',(2)一分钱'cent，1/100 of a *yuán*'

397　吩咐'tell (to do sth.)，instruct'

398　坟墓'grave，tomb'

399　粉丝/粉条儿'thin bean noodles'　FY:粉条/索粉

400　粪(猪粪/牛粪/大粪)'dung，feces，excrement'

401　风(刮风/起风)'wind'

402　风车'windmill'

403　风箱'bellows'

404　风筝'kite'　FY:鹞子

405 疯子'mad, insane，crazy' FY:痴子

406 蜂蜜'honey' FY:蜜糖

407 冯(姓) [*Surname*：Féng]

408 缝(缝被子)'stitch, sew' FY:钩/定/钉/翻(被子)

409 缝纫机'sewing machine' 苏州:洋机

410 缝(一条缝)/裂缝 ◆★'crack, fissure, seam' 金沙:圻

411 凤仙花'garden balsam flower' FY:凡枪花/畚箕花 溧水:指掐子花

412 佛'Buddha' 比较:菩萨

413 夫妻'husband and wife' FY:两口子

414 麸子/麸皮'wheat bran'

415 孵(孵小鸡) ◆★▲'brood, hatch' FY:抱/焐/部

416 伏天(大伏天)'hot summer days'

417 扶(扶他走路)/搀'support with the hand'

418 符(画符)'symbol，tally，magic figure'

419 浮(浮在水面上) ◆★'float' 吕四:氽(tʰən^{上声})

420 浮萍'duckweed' FY:绿萍 靖江:浮浪草

421 斧头'axe，hatchet'

422 父亲/爸爸 ◆★'father，dad' FY:伯伯/大大/ 爹爹（面称和背称）

423 父母'parents' FY:爷娘

424 附近'vicinity，nearby，neighbouring' FY:近段

425 傅(姓)［*Surname* ：Fù］

426 腹泻/拉肚子'diarrhea' FY:屙肚/窜稀 吕四:肚里 dza(阳去)

427 副(一副手套)［*Measure* for sets of things，facial expressions，etc.］

G

428 胳肢窝(腋下/腋窝)'armpit'

429 改嫁'remarry（of a woman）'

430 改锥'screwdriver' FY:起子/捻凿/旋凿 吕四:脸凿(脸,音同"捻",n-l 声母混)

431 盖起来(把锅盖好/盖被子)'cover up，put a lid or cover on'

432 盖章'affix a seal，stamp'

433 盖子(瓶盖)'lid，cover，cap，top'

434 干(衣服干了/天气干 /井干了) ◆★'dry'

435 干爹'godfather' FY:寄爷

436 干儿子'godson' 注意:领养关系的子女怎么说?

437　干娘'godmother'　FY:寄娘

438　干菜(菜干)'dried vegetables'

439　干净(擦干净)◆★'clean，neat and tidy'　苏州:清爽

440　泔水◆★'swill，slop，water left from washing raw rice'　FY:恶水/泔脚/脚水/淘米水

441　尴尬(难堪)'embarrassed，awkward'　FY:难看

442　赶(赶猪/赶牛/赶走/轰出去/)'chase，drive，drive out/away'

443　赶集'go to market fair'

444　赶快(赶快做)'quickly，at once'　吕四:豪燥

445　敢'dare，bold enough（to do)'

446　感冒/伤风'cold，mild flu，catch cold，get the flu'

447　擀面'roll out dough'　FY:压面

448　刚才(刚才来的人是谁?)◆★'just a moment ago'　FY:将才/才将/才间

449　肛门'anus'　FY:屁眼/屎眼/洞宫

450　缸(水缸)'crock，vat，jar'

451　钢(钢铁)'steel'

452　钢笔'fountain pen'

蘸水钢笔 'pen (with a nib that is charged by dipping in an inkwell)' FY:端钢/端水钢笔/蘸水钢

453 高(个子高/房子高)◆★ 'tall，high'

454 高个子 'a tall person' FY:长子/长人

455 高粱 'Chinese sorghum'

456 高兴 'happy, in high spirits, cheerful' FY:开心/快活/欢喜

457 膏药 'medicinal plaster'

458 糕(米糕/年糕) 'cake'

459 告诉 'tell' FY:告送

460 疙瘩(蚊子叮的包/鸡皮疙瘩) 'lump, pimple' 苏州:块(不管大小)

461 哥哥(面称和背称)◆★ 'elder brother' FY:大大/阿哥

462 胳膊/手臂 'arm' FY:膀子/臂把

463 胳肢 'to tickle (someone)' (动词:抓挠使人发痒，发笑)

464 袼褙(做鞋用) 'old cloth and rags pasted together to make the soles of shoes' FY:糨子 苏州:硬衬

465 鸽子 'dove, pigeon'

466 割(割稻子/割麦)◆★▲ 'cut, reap, mow' FY:斫/樵/收(麦) 吕四:曹(麦)

467　歌儿/山歌'song, folk song'

468　搁(把板搁起来)'put, place, put aside, shelve'

469　隔(隔三天/隔出一间屋子来)'separate, partition, interval'　FY:间(jiàn)

470　隔壁'next door'

471　个(量词)★[Nonspecific, general *measure word*](一个人/个个都是好的)注意:是否读入声,声母的清浊

472　个子/个儿(身材)'stature, build, height'　苏州:块头

473　硌(被石头硌着脚了)'press or rub against or step on sth. hard'◆★　FY:杠

474　给(给我一支笔/寄给他一封信/给他看病)◆★'give'

475　根 (1)一根针[*Measure* for long thin things, needles, etc.],(2)树根'root'

476　跟(跟随/跟在她后边/跟不上/和)'follow；and'

477　耕田'to plough, till'

478　梗(菜梗)'stalk, stem'

479　更(更好)'even more, still more'

480　工资/工钱'wages, pay'

481　弓(弹棉花的弓)'bow'吴语有些地方发音特殊,有 i 介音。

482　公/雄'male (animal)':公狗/公牛/公猪(种猪)

母/雌 'female（animal）':母狗/母牛/母猪

483　公公（丈夫的父亲）◆★ 'husband's father'　FY:公老爹/阿公

484　供（供佛/供祖先）'lay offerings'

485　钩子（秤钩）'hook'

486　狗 ◆★ 'dog'　FY:狗子

487　够(1)（形容词）'enough，sufficient，adequate'，(2)（◆够得着）'reach，able to reach'

488　姑姑（父亲的姐妹）'father's sister'　FY:拜拜/伯伯/姑娘　溧水:娘娘/姑歪　注意:
　　年龄长幼/结婚与否/当面和背后的称呼

489　姑娘（注意方言的意义,是否特指女儿）'girl'

490　姑夫（姑姑的丈夫）'husband of father's sister'　FY:姑爷/姑丈/姑爹

491　箍（铁箍/箍桶）'hoop，band'

492　骨髓 'bone marrow'

493　骨头 'bone'

494　鼓（铜鼓）'drum'

495　鼓起来（墙面等因受潮等脱开、鼓起来）'bulge，swell'　泰州:科/苦（阴平[隆起]）　苏
　　州:壳

496　故意 'intentionally，on purpose，deliberately'　FY:有意/特为

497　雇（雇临时工）'hire，employ'

498   瓜 'melon'

冬瓜 'winter melon'   西瓜 'watermelon'   黄瓜 'cucumber'

南瓜 'pumpkin'   FY:番瓜/饭瓜/北瓜

499   瓜蒂/果蒂 'base of a melon or fruit'

500   瓜瓢/瓢 ◆'flesh (as of a melon or fruit)，pulp'

501   瓜蔓 'melon vine'   FY:藤

502   刮(把猪毛刮掉)/刮胡子 'shave'

503   寡妇(守寡) 'widow'   FY:半边人

504   挂/吊着 'hang up'

505   挂念/惦记 'miss，worry over an absent person'   FY:牵记/牵挂

506   乖(这孩子不乖)◆★ 'well-behaved (child)'

507   拐杖 'cane，walking stick'   FY:拐棍/拐棒/拐拉棒

508   怪(1)奇怪 'strange, wierd',(2)责怪 'blame'

509   怪不得 'no wonder, so that's why'

510   关(关门/关窗)◆★ 'to close, shut'

511   关节 'joint'   FY:骱

512 官（当官）◆★ '(public or government) official'

513 棺材 'coffin'   FY:材/喜材/寿材（注意备用的和一般的有何不同）

514 灌（往瓶里灌水）'pour into，irrigate'

515 罐子（茶叶罐）'jar，pot，can'

516 光头 'bald head'   FY:光郎头/和尚头

517 逛/游逛 'stroll，wander'（逛马路）

518 归里包堆 'the whole huge lot，a whole pile of'   FY:一塌刮子/夯不郎当

519 鬼（怕鬼）◆★ 'ghost，spirit，apparition'

520 贵（价钱很贵）◆★ 'expensive，pricy'

521 桂花 'sweet-scented osmanthus'

522 跪（跪在地上）◆★▲ 'to kneel'

523 滚（球在地上滚）'to roll'注意:水开叫"滚"吗？

524 棍子 'rod，club，stick'

525 郭（姓，郭沫若）［*Surname* :Guō]

526 锅 ◆★▲ 'wok，pot，pan'   FY:镬子

527 锅巴 'crust of cooked rice（at bottom of pot）   FY:饭糍

528 锅铲 'cooking spatula'   FY:铲刀

529 锅盖(各种形状) ◆★ 'lid of a pot，wok cover'　FY:镴盖　吕四:釜冠　金沙:板敢
(木盖)

530 锅烟子'pan bottom soot，kettle black'　FY:锅灰/锅底灰/镴子灰

531 国(国家)'country，nation，state'

532 果仁(油桐仁/核桃仁)'kernel'

533 过(过马路/过年)'cross，pass；celebrate（a holiday）'

534 过 ◆★ [*Aspect marker*：experiential aspect]（他去过上海，我没去过/他和叔叔讲过了）

535 过滤'to filter'　苏州:沥　注意:和"滗"比较

H

536 哈喇(油质食品变质)'to go rancid'　吕四:蒿/薅

537 孩子/小孩儿(是否特指男孩) ◆★ 'child，kid'　金沙:伢儿

男孩 ◆'boy'　吕四:猴[又指儿子]

女孩 ◆'girl'　吕四:丫头[又指女儿]

538 还(雪还在下着呢)'still，yet'

(1)还没'has not yet'（他还没说完呢。/ 来了没有？还没来呢）

(2)还要'still must'（我还要去看。）

(3)还有'still have'（我花了三块钱,我还有两块。）

(4)还是 [*Interrogative conjunction* : 'or'] （是今天去呢，还是明天去？）

539　海 'sea，ocean'

540　海蜇 'jellyfish'

541　害羞/害臊 'be bashful，be shy'　FY:怕难为情/ 怕羞/怕丑

542　含（含着一口水，不咽下去）◆ 'keep or hold in mouth'

543　寒毛（汗毛）'body hair，fine hair on the human body'

544　喊（喊他来/大声叫喊）◆★ 'shout，yell，cry out'　注意声调，用不用"叫"

545　汗（出汗）◆★ 'sweat，perspiration'

546　汗衫 'undershirt，T-shirt'

547　旱灾 'drought'

548　行（一行字）'line，row'

549　好（做得好）◆★ 'good，well'

550　好看/漂亮（男女有无不同）'good looking，handsome，pretty'

551　好玩儿/有趣 'fun，amusing，interesting'

552　好像（做事好像开玩笑）'seemlike，be similar to'

553　呵气（呵了一口气）'breathe out'

554 喝（喝茶/喝酒/喝开水）'to drink'   FY：呷

555 何（姓）［Surname：Hé］

556 和（父母和子女/我和他谈了）◆★▲'and，with，together with'

557 和尚'Buddhist monk'

558 河（一条河）◆★▲'river'

559 荷花'lotus'

560 核儿（桃核）'pit，stone'   此词读为 húr

561 核桃'walnut'   FY:蒲桃/胡桃

562 盒子(注意大小)◆'(small)box'

563 很（很好/很大/这些东西很贵）◆★'very，quite'

564 恨（讨厌）'hate'

565 横（横放）◆★'horizontal，transverse'

566 烘（把衣服烘干/烘茶）'dry or warm by the fire or stove'

567 红薯（甘薯/山芋/白薯）'sweet potato'   FY:番薯

568 虹 ◆★▲'rainbow'   FY:绛（音杠）/鲎

569 喉结'Adam's apple'   FY:嗓根子/结喉儿/ 喉咙骨骨/接食活狲

570 喉咙'throat'

571 猴子 ◆★ 'monkey' FY:活狲

572 后边/后面 ◆★ 'back, behind, rear'

573 后悔/懊悔 'regret, repent'

574 后来 'afterwards, later (only in reference to the past)' (他去年写过一封信,后来再也没有来过信。) 苏州:后首来 丹阳:后来头/后手点

575 后脑勺 'back of the head, occipital bone'

576 后年 ◆★ 'year after next'

     大后年 'three years from now'

577 后天 ◆★ 'day after tomorrow' FY:后个/后朝

     大后天 'three days from now, day after the day after tomorrow' FY:大后朝/弯后个子/晚后天

578 厚(冰很厚)◆★▲ 'thick' 注意声母的读音

579 胡(姓/古月胡/胡耀邦)[Surname：Hú]

580 胡萝卜 'carrot' FY:红萝卜/黄萝卜

581 胡子 ◆★ 'beard, moustache, whiskers' 吴语:牙须/ 胡苏

582 湖 ◆★▲ 'lake'(和"河"是否同音)

583 葫芦(匏瓜)'bottle gourd, calabash'

584 糊涂 'confused, bewildered, muddled'

585 蝴蝶'butterfly' FY:蝴叶蝶

586 虎口（大拇指和食指形成的分叉）'the space between the thumb and index finger'
     FY:虎丫

587 瓠子 [a kind of edible gourd] FY:瓠/扁蒲/夜开花

588 花 ★▲'flower，blossom'

589 花蕾/花骨朵儿'(flower) bud' FY:花苞/ 花纽头

590 花钱（动词）'spend money'

591 花生'peanut' FY:长生果

592 滑'slippery，smooth' 金沙:川(倒)

593 划船'paddle/row a boat'

594 化脓'fester' FY:鼓脓/拱脓/滚脓/作脓

595 画（线/画画）'to draw，paint'

596 画儿'drawing，painting，picture'

597 话（一句话）◆★'words，talk' 吴语:闲话/ 说话（名词）

598 怀孕'be pregnant'

599 踝骨'ankle' FY:螺丝骨 吕四:脚孤拐

600 坏 ◆★▲ (1)（这个人很)坏'bad，mean，evil',(2)（椅子)坏了'go bad，break，spoil'
     高淳:哈

601 还(还债/还借过的东西)'return，give back，repay'

602 换 ◆★ (1)用鸡蛋换盐'exchange，trade，baarter',(2)换衣服'change clothes'

603 环(铁环) ◆★▲ 'ring，hoop' 注意：声母是否读 g/kh?

604 黄鼠狼(鼬)'yellow weasel' FY:黄狼/黄猫

605 灰(烧稻草/木头)'ash，ashes'

606 灰尘/尘土 ◆★ 'dust' FY:蓬尘/蓬灰

607 回答'reply，answer' 比较"答应"

608 回家 ◆★ 'go home' FY:家去/家来/ 转去/转来/归去

609 回绝'decline，refuse' 吴语:回头

610 回来/回去'return，come back，go back'

611 回头/回过头来'turn one's head，turn around，look back' FY:转/勃(头)

612 蛔虫'roundworm'

613 会/能(会做菜)'know how to，able to，skillful at'

614 彗星'comet'

615 荤菜(吃荤)'meat and/or fish，non-vegetarian'

素菜(吃素/吃斋)'vegetable，vegetarian'

616 馄饨/饺子'*wonton*/*jiaozi*，dumplings' 江淮:扁食(水饺/大馄饨) 注意:馄饨与饺

子的区别跟皮儿的形状有关吗,方的还是圆的?

617 浑(浑浊/水很浑)'turbid，muddy'

618 活(活鱼/还活着)'alive，live，living'

619 活儿(干活儿)◆★'work' 金沙:(做)生活

620 火'fire'

621 火柴/划火柴'matches/strike a match' FY:洋火/自来火

622 火钳'fire tongs' FY:火剪/火夹

623 伙计'fellow，mate，partner，labourer'

624 或者'or'

J

625 机灵'clever，smart，sharp'

626 讥笑'ridicule，deride，sneer at' 丹阳/苏州:钝 吕四:钝伅

627 鸡'chicken'◆★

   公鸡'cock'★

   母鸡'hen'★

628 鸡冠'cockscomb'

629 鸡冠花'cockscomb flower'

630　鸡眼（脚趾或脚底上的角质状病变）'corn（on foot）'

631　鸡胗（zhēn）'chicken gizzard'

632　几/几个'how many'〔*Interrogative number*；usually less than 10〕（十几个/现在几点）注意：能否用于问 10 以上的数量，如能否问老人：您几岁了

633　挤（1）拥挤'crowded，jostling'，（2）挤牙膏'squeeze'

634　脊梁/脊椎骨'spine，backbone，vertebra'

635　记得'remember'

636　记号'mark，sign'　FY：记认

637　季'season，harvest season'（指庄稼的季节，一茬）　FY：一年两熟

638　寄（1）寄信'to mail'，（2）寄存行李'leave with，check'

639　继父'stepfather'　FY：晚老子/晚爷

640　继母'stepmother'　FY：晚娘/蛮娘（按：蛮，即"晚"的白读音）

641　鲫鱼'crucian carp'　FY：刀子鱼/刀鱼/就鱼

642　荠菜'shepherd's purse'　FY：野菜/谢菜/聚财

643　加（两个数加起来）'add，plus'

644　家（我们家/一户人家/家里）'family，home，household'

645　家伙（指人）'fellow，guy'

646   家具 'furniture'

647   痂 ◆★ 'scab'   FY:疤/盖(子)/靥盖

648   夹 ◆★ (1)夹起来/夹在书里/夹住 'put in between, press or hold from both sides',
      (2)夹在腋下 'hold under the arm (between arm and body)'   吕四:搿

649   夹菜 ◆★ 'pick up food (with chopsticks)'   FY:搛/刀

650   夹袄（棉袄）'lined jacket (in the traditional style)'

651   甲鱼(鳖) 'soft-shelled turtle'   FY:老鳖/团鱼

652   价钱 'price'

653   架子 'rack, frame, shelf'

      摆架子 'put on airs'   FY:拿乔/拿大/搭架子/ 端架子/拿架子

654   假(不真) 'false, fake, phoney, artificial'

655   尖（头很尖）'pointed, sharp'

      尖儿 'point'

656   肩膀 ◆★ 'shoulder'

657   监狱 'jail, prison'   FY:监牢/牢监

658   煎 'fry (in shallow oil)'

659   捡起来 'pick up, gather'   FY:拾   金沙:拈

660　减(减少/减价)'reduce，decrease'

661　剪(剪指甲)'cut，clip(with scissors)'

662　剪刀'scissors'("剪刀石头布/包剪锤"的说法)

663　碱(碱水)'alkali，ash soda，carbonate of soda'　FY:洋碱/石碱

664　溅(水溅出来)'splash，splatter'　苏州:溅[zE³¹](阳去)

665　箭'arrow'

666　贱'cheap，lowly，base'(地位低/贱货)

667　江(长江/江阴)◆★'river，the Yangtze river'

668　豇豆'cowpea'　姜堰:米豆

669　姜(一块姜/姓)◆★'ginger'[and *Surname*:Jiāng]

670　糨糊(糊起来)'paste'　FY:面糊

671　酱'sauce，paste，jam'

672　酱油'soy sauce'

673　浇(浇水/浇粪)'to water，sprinkle water on'

674　教(教你做)◆★'to teach'

675　茭白'wild rice stem'　FY:茭瓜

676 嚼 'to chew, masticate'

677 角(牛角)'horn，antler'

678 角落 ◆ 'corner，nook'

679 脚(两只脚)◆★ 'foot'　注意:与腿的分别,能否说"脚很长"

680 脚跟 'heel'　FY:脚后跟

681 脚心 'inside of the arch (of the foot)'　FY:脚底/脚底心

682 脚掌 'sole of the foot'　FY:脚底板/脚板底

683 脚盆/洗脚盆 'foot washing basin'　苏州:脚桶

684 脚印 'footprint'　吴语:脚壳潭　崇明:脚迹印　注意:一般带灰尘的脚印和陷在泥里的较深的脚印有无不同

685 叫 'call，name，shout，ask，order'(叫什么名字/叫他做事/ 叫小猪来吃/叫唤)

686 轿子 'sedan chair，palanquin'

687 接 (1)接起来(把两根绳子接起来)'connect，join'，(2)接(球)'catch，receive'，(3)接人(去车站接朋友)'meet，pick up'

688 接生(接生婆)'deliver a child, act as midwife'　FY:催生婆/老娘

689 街(一条街/上街) ◆★ 'street，road'

690 结巴/口吃 (的人)'to stutter；stutterer'　FY:结结子/疙子/楞嘴

691 结实(椅子做得很结实)◆★ 'solid，sturdy，durable'　FY:牢

692　结(联结/把两头结起来)'tie，knot，join together'　　吕四:策/侧[系鞋带]

693　结冰(冻)'freeze，ice up'　FY:上冻/结冻

694　结婚'get married'

695　节(竹子/甘蔗的节)'joint，knot，section'

696　节(春节/七夕/中秋)'festival，holiday'

697　节气[24节气中有无特别的说法]'solar period'

惊蛰	清明	谷雨	夏至
立秋	白露	霜降	冬至

698　孑孓(蚊子的幼虫,还在水里游的)'mosquito larvae'

699　姐夫'elder sister's husband'

700　姐姐(面称和背称)◆★'elder sister'

701　解(解鞋带/解开/解毒)'untie，undo，dispel'

702　解闷儿'dispel boredom，divert oneself'　吴语:解厌气

703　戒指'finger ring'

704　芥菜'leaf mustard'

705　疥疮'sores from scabies'　FY:痒疮/癞疥疮

706   借(借给我一些钱)'borrow，lend'

707   今年 ◆★ 'this year'   FY:今年子/根年

708   今天 ◆★ 'today'   FY:今个/根个/今朝/根朝

709   斤(半斤八两)'catty'〔traditional unit of weight〕

710   金鱼'goldfish'

711   金子'gold'

712   筋 (1)韧带:牛筋'tendon, sinew',(2)血管:青筋'veins (those that stand out from the skin)'

713   紧(绑得很紧/拉紧)'tight'

714   尽量(价钱尽量便宜一点)'to the best of one's abiity，as far as possible'

715   近(到那里很近)◆★ 'near，close'

716   近路/捷径/抄近路'shortcut'

717   近视眼'nearsightedness, shortsightedness'   FY:近虚眼/迷虚眼

718   进(进去/进来)'enter, go/come in'

719   精神(没有精神)'spirit, verve'

720   井(水井)'well'

721   静(静一点)'still, quiet, calm'

722　镜子'mirror'

723　韭菜'Chinese chives'

724　酒　◆★▲'wine, liquor, alcoholic drink'

725　酒窝'dimple'　FY:酒塘/酒靥　吕四:酒窠/酒潭

726　酒席'banquet, formal meal'　FY:酒水

727　旧(房子旧了/旧机器)◆★'old, worn, second hand'

728　就(就饭吃)'go with (something to eat)'　FY:下饭/过饭

729　就(他一来,我就走)'as soon as, at once, promptly'[Adverb]

730　就是了(你去就是了)'and that's that'　吴语:去末哉

731　舅舅　◆★'mother's brother'　FY:娘舅

732　舅母　◆★'wife of mother's brother'　FY:舅姆

733　菊花'chrysanthemum'

734　橘子'tangerine'

735　举(举手/举起来)'raise, hold up'

736　锯(动词:锯木头)'to saw'

737　锯子'saw'

738　卷(卷起来/卷袖子)'roll up'

739 觉得 'feel, think' FY:觉察 金沙:觉眯

740 倔/倔强(他脾气很倔) 'stubborn, inflexible'

741 均匀/匀(搅匀) 'even, well-distributed'

K

742 开◆(1)开门/开花/开车 'open, blossom, drive,

    (2)水开了 'come to a boil'

743 开水(白开水) 'boiled water' FY:滚水/透水

744 开玩笑 ◆ 'to joke'

745 看 kān(看孩子/看家/看牛/看门) 'watch, look after, tend'

746 砍树/砍柴 'chop trees, cut firewood'

747 看 ◆★ 'look, see, read, watch'

    (1)看见(看得见/ 看不见) 'see, able to see';

    (2)表尝试:做做看 [*Verb suffix* meaning 'try, try out']

    能否说"看看看"

748 看病/看戏 'see a doctor, watch a play'

749 看不起 'look down upon, scorn, despise'

750 糠(米糠) 'chaff, bran, husk'(萝卜糠了) 'to go spongy'

751 扛（用肩，和"抬"的区别）◆★ 'carry on the shoulder' 吴语音"刚"（古双切）

752 烤（烤熟/烤肉/烤红薯/烤火）'roast，bake，toast，broil'　FY:烘

753 靠（靠在墙上/靠着椅背）◆★ 'lean on/against'　吕四/金沙:戤

754 靠近（贴近/靠边走）'keep/get near，approach'　崇明:霍

　　靠岸 'approach the shore'

755 棵（一棵树/一棵菜）〔Measure for trees and plants〕

756 颗（一颗豆子）〔Measure for pearls，beans，etc.〕　吴语:粒

757 蝌蚪 'tadpole'　FY:蛤蟆乌子/麻乌子/小癞乌子

758 壳 'shell'（鸡蛋壳/谷壳/核桃壳）

759 咳嗽 'cough'　FY:咳/吼/呛

760 可怜 'pitiable'　FY:作孽

761 可以 'can，may'（你可以走了）

762 渴 'thirsty'　FY:嘴干

763 客气 'polite，courteous，stand on ceremony'

764 客人 'guest，visitor'

765 肯（他不肯让我去）'be willing，consent'

766 啃（啃骨头）◆★ 'gnaw，nibble'

767 坑（水坑）'pit, hollow, hole' 苏州:潭/塘

768 空（空房间）'empty'

769 恐怕'I'm afraid, perhaps' FY:怕的/愁怕

770 空闲（有空/没有空）'idle, free'

771 抠（把米从桌缝里抠出来）'dig out with finger or pointed implement'

772 口（一口饭/一口水/瓶口）'mouth, mouthful'

773 口袋'pocket'（衣袋） FY:袋袋

774 口水 ◆★'saliva'（和唾沫有什么不同） FY:馋/涎/馋唾

775 扣子/钮扣/扣扣子'button'［Noun & verb］ FY：钮子

776 哭（这个孩子爱哭）◆★'cry, weep'

777 苦 (1)（生活很)苦'hard, painful (of life)',(2)（味道)苦'bitter (of flavor)'

778 裤子'pants, trousers'

779 跨（跨过门槛）'step (across), stride (over)'

780 块（一块钱/一块石头）［Measure for lumps, chunks, pieces, one yuan , etc.］

781 快 ★▲ (1)◆快点儿（动作快）'fast, quick, hurry' FY:动作快:燥［先到切］(2) 锋
    利,（刀）快'sharp'

782 快活'happy, merry, cheerful'

783 快要/快……了（快要下雨了）'soon' 注意："病快好了"的语序（吴语：要落雨快哉）

784 筷笼 ◆★'chopstick container' 吕四：筷箸笼 泰州：箸筒儿

785 筷子 ◆★'chopstick'

786 宽（路不宽）◆★'wide，broad' 吴语：阔

787 捆 (1)捆行李'tie，bind，bundle up'，(2)量词'bundle'：一捆稻草

788 困/困得慌'tired，sleepy'（很疲倦,很想睡觉）

789 蛞蝓（鼻涕虫）'slug' FY：蜒蚰虫/粘沫虫/油油虫

L

790 拉'pull，draw，tug，drag'(1)拉弓/拉风箱/拉车，(2)拉直/拉紧/拉长 FY：拖/拽/扳

791 拉纤'tow（a boat）' FY：背纤

792 垃圾 ◆★'rubbish，garbage' FY：腤说/勒色（按：即"垃圾"）/邋刹

793 腊肉（腌制的肉）'cured meat' FY：咸肉/哨肉 注意：腌制的季节和方法与名称有无关系。

794 腊月'the twelfth（and last）month of the lunar year'

795 蜡烛'wax candle'

796 瘌痢'favus of the scalp（or a person so affected）' FY：瘌痢头/瘌子

797 辣(味道冲 chòng)'spicy, peppery'

798 辣椒 ◆★ 'chili, hot pepper'   FY:大椒/胡椒/辣茄   吕四:班椒

799 来(你明天一定要来)'come'

800 来不及/来得及 ◆★ 'not enough time, can't do in time/have enough time, can do in time'[*Potential complement construction*]   注意补语的形式

801 拦(拦人/拦水/拦起来)'bar, block, hold back'   (吴语常读入声)

802 篮子(菜篮子) ◆★ 'basket'   FY:落子/篮

803 懒(懒惰)'be lazy'

804 烂(水果烂掉了/煮烂了/木头腐烂了)'sodden, mushy, mashed, rotten'

805 浪费/糟蹋 ◆ 'to waste'

806 捞/捞鱼/捞面条 ◆★ 'scoop up'   FY:撩

807 老(副词)/老是/总是 'always, constantly'

808 老 (1)年龄不小 'old (aged)',(2)指肉/菜不嫩 'tough (not tender)'

809 老姑娘 'spinster, old maid'(指年纪相当大了还不结婚的女性)

810 老虎 'tiger'

811 老虎灶 'tiger kettle'[a giant kettle that somewhat resembles a tiger found traditionally in shops that sell boiled water]

812 老茧(脚上长了趼子)'callus'

813　老练'seasoned, experienced'　FY:老举/老扎

814　老人斑'age spots'　苏州:寿斑

815　老师'teacher'

816　老实人'honest person'　FY：老实头

817　老鼠 ◆★'mouse, rat'　FY:老虫/老丝

818　老太婆/老太太/老婆子'old woman, old lady'(有无不敬的含义)

819　老头子/老头儿'old man'(有无不敬的含义)

820　了 ◆★［Aspect marker：perfective aspect］(信已经写了/吃了饭去/我吃了饭了)

821　雷阵雨'thunder shower'　FY:雷暴雨/阵头雨

822　累赘'burdensome, cumbersome'　FY:垒堆

823　肋骨(排骨)'rib'

824　累(疲倦)'tired, weary'　FY:吃力/萎(了)

825　冷(天气冷/冷饭) ◆★'cold'

826　梨'pear, Asian pear'

827　离(离得很远/离这儿不远)'from'［Preposition used in giving distances］

828　犁'plough'

829　篱笆'bamboo or twig fence'　FY:篱障/枪篱笆/芦笆

830　李(姓)(木子李) ［*Surname*：Lǐ］

831　李子'plum'

832　里(一里路)'*li*，Chinese mile'［traditional unit of length］

833　里/里边 ◆★'in，inside，within'　吴语:里向

834　里子(衣服的里子)'lining'　吴语:夹里

835　理/理睬/睬'pay attention to，show interest in'

836　理发/剃(剃头)'get a haircut，get one's hair done'

837　鲤鱼'carp'　FY:花鱼

838　力气'physical strength'

839　利害/凶'fierce，stern，harsh，intense，severe'

840　栗子'chestnut'

841　沥(把水沥干)'drip，trickle'

842　连襟'husbands of sisters'

843　连阴雨'continuous spell of rainy weather'　FY:阴拉柴/长脚雨

844　镰刀'sickle'　FY:弯刀/洁子

845　脸 ◆★▲'face'　FY:面孔

846 脸颊/腮帮子'cheeks'

847 脸盆'washbasin'

848 凉(天气/茶/凉水) ◆★'cool，cold' 丹阳/苏州:冷/瀴

849 凉快 ◆★'pleasantly cool' 苏州:风凉

850 梁(房梁)'roof beam'

851 量(动词:量尺寸)'to measure' 苏州买米叫"量米"

852 两 ◆★ (1)两个人/两斤肉'two'[used with measure words],(2)一两米'liang，tael'
[traditional unit of weight：1/16 of a catty]

853 亮'bright，light'

854 晾(晾衣服) ◆★'dry in the air，hang to dry' FY:浪(音)

855 辆(一辆车) [Measure for vehicles]

856 裂开(裂开一条缝/地干得都裂开了)'crack open，split open' FY:崩/豁/坼

857 邻居/街坊'neighbour' 苏州:乡邻

858 林(姓) [Surname ：Lín]

859 淋雨 ◆★'get wet in the rain' FY:遭雨/沰雨(沰:当各切)

860 伶俐'clever，bright，quick-witted'

861 灵活'nimble，agile，quick'

862 菱角(有无不同的品种)'water caltrop (*Trapa natans*)'

863 零(一百零三)'zero'

864 零食'snacks，food to nibble on'

865 领子'collar'　FY:领头

866 刘(姓) ◆★ [*Surname*：Liú]

867 流(水流得很快)'to flow'

868 流产/小产'miscarry, have a miscarriage'

869 流星'meteor, shooting star'　FY:窜星/射星/移星　吕四:拉屎星

870 留(留下来)'remain, stay, leave behind'

871 龙'dragon'

872 聋(耳聋)'deaf'

873 聋子'deaf person'　苏州:聋彭

874 楼房(楼上)'a multistoried building'

875 楼梯'stairs，stairway'

876 漏(房顶漏水)'leak

877 露水'dew'

878　芦苇'reed'　FY:芦柴/芦头

879　芦席'reed mat'　崇明:卢篅

880　炉子'stove, oven，furnace'　比较:和"灶"的异同

881　橹'scull，sweep'　比较:"桨"

882　路(一条路/走了三百里路)◆★'road，path，way'

883　路费'traveling expenses'　FY:盘缠/盘费

884　铝'aluminium'　FY:钢精/钢中

885　乱(桌子上东西放得很乱)'in disorder，in a mess，chaotic'

886　轮子'wheel'　FY:车盘/轮盘

887　捋(捋胡子/捋树叶)'rub one's palm along'

888　啰唆'talkative，long-winded，fussy，bothersome'

889　罗(姓)[*Surname*：Luó]

890　萝卜　◆★'radish'

891　萝卜缨儿'radish leaves'　崇明:劳卜夹

892　箩筐'large basket of bamboo or wicker'

893　螺蛳'snail，spiral shell'　FY:螺螺/蛳螺

894　裸体/光着屁股(光着身子)'naked，nude'

打赤膊 'go without a shirt'

895　络腮胡子 'full beard'　　溧水:乱劈胡子/连毛胡子/兜腮胡子

M

896　抹布 'rag (for cleaning and wiping)'　　FY:揎布/揩台布/绞布

897　麻(1)植物 'hemp',(2)腿坐麻了 'numb, tingling'

898　麻烦/讨厌 'troublesome, inconvenient'

899　麻将(打麻将) 'mahjong'

900　麻利/利索 'dexterous, efficient and neat'　　FY:刷刮/撇脱/樵净　　金沙:脆豁

901　麻雀 'sparrow'　　FY:麻将/麻鸟　　注意"雀"的声韵母

902　马（动物/姓）◆★ 'horse' [also *surname*：Mǎ]

903　马蜂/黄蜂 'hornet, wasp'　　FY:胡蜂/蜈蜂

904　马铃薯/土豆 'potato'　　FY:洋山芋/洋番芋/洋芋头

905　马上/立刻 'immediately, at once'

906　蚂蟥(水蛭) 'leech'　　FY:蚂叽

907　蚂蚁 ◆★ 'ant'　　FY:蚂米

908　骂/骂街 'curse, swear, scold'　　崇明:骂海骂/骂相骂

909　吗（语气助词）★［*Sentence final particle*：forms questions］　FY：可＋V（问词）

（这是你的吗？/你想看电影吗？/他去上海吗？）

910　埋（埋在泥里）'bury'　苏州：葬

911　买　◆★'buy'（1）买米/籴'buy rice'，（2）买酒/买油'buy oil'（FY：拷/打），（3）买中药'buy medicine'

912　买卖/生意'buying and selling，business'

913　麦粒肿'sty，infected abscess on the eyelid'　FY：偷针眼/眼丹

914　麦芽糖/饴糖'malt sugar，maltose'　FY：斫糖/饧糖/料糖

915　麦子/小麦　◆★'wheat'

大麦'barley'

916　卖（卖稻谷/粜）◆★'sell'

917　馒头/包子'steamed buns（stuffeed/unstuffed）'（有无"包子"的名称）　注意：普通话馒头与包子的区别在于有无馅儿，而江淮官话区的区别在于外形，有花纹的是包子，没花纹的是馒头，不管有无馅儿。

918　鳗鱼'eel'　FY：鳗鲡/毛鱼/麻鱼

919　满（倒满了水）'full，filled，packed'

920　慢（做事慢/你慢慢儿走！）◆★'slow'

921　忙（这几天很忙）◆★'busy'

922　猫 ◆★ 'cat'

923　猫头鹰 'owl'

924　毛/鸡毛 'feather，hair'

925　毛笔 'writing brush'

926　毛巾 'towel'　FY:手巾

927　毛毛雨/细雨 'drizzle'　FY:麻哈雨/ 蒙淞雨/麻花雨

928　毛衣 'sweater'　FY:绒线衫

929　冒(冒出来/冒烟/冒蒸气) 'emit，send forth，come out'

930　帽子(一顶) 'hat'

931　没有(动词:无) ◆★▲ 'not have，there is not'(没办法/没什么/没用/这个没那个好)
　　　FY:没得/不得/呒不/无则

932　没有(副词:不曾) ◆★▲ 'did not，has not'[*Negative aspect marker*]　FY:可曾/不
　　　曾(他还没有结婚/他没有到过北京)　金沙:绊咸

933　眉毛 'eyebrow'

934　梅花 'plum blossom'

935　梅雨(季节) 'plum rains，the spring rainy season'　FY:黄梅天/时梅天

936　媒人 'matchmaker'

937　煤（燃料）'coal'

938　煤油/煤油灯'kerosene'　FY:洋油

939　每（每年/每天/每一个）'every，each'

940　妹妹（面称和背称）◆★'younger sister'　FY:妹子

941　妹夫'younger sister's husband'　FY:妹婿/姊妹婿

942　门（一扇）'door，gate，entrance'

943　门坎　◆★'threshold'　FY:门欠子/午槛/ 步槛/户槛

944　门框'doorframe'

945　门闩'door bolt，door locking bar'

946　闷/心里闷/闷死（了）'bored，depressed'

947　闷热'hot and stuffy，muggy'　FY:焐燥/冒燥

948　焖（焖饭）'allow rice to sit covered on a slow fire to cook or just after cooking'

949　梦（做梦/讲梦话）◆★'dream'

950　米（粳米/籼米/米粉）◆★'raw rice'

951　米汤（饮汤）'thin rice gruel'

952　密/稠密（苗长得很密）◆★'dense，close，thick'　FY:猛（阳上）　吕四:门/皿［阳平］

953　蜜蜂'bee，honey bee'

954　棉花 'cotton'

955　棉鞋 'cotton padded shoes'　FY:絮鞋/暖鞋

956　棉衣 'cotton padded clothes'　FY:棉袄/棉登子

957　棉花胎 'cotton wadding'　FY:棉絮/被絮

958　面粉 ◆★ 'wheat flour'　FY:干面　溧水:灰面屑

959　面条 ◆★ 'noodles'　吴语:面

960　面前(不要在我面前说谎) 'in front of (a person)'

961　庙(庵/寺) 'temple'

962　名字 'name'

963　明年 ◆★ 'next year'　FY:明年子/开年/门年

964　明天 ◆★ 'tomorrow'　FY:明个/门个/ 明朝/门朝

965　摸(摸了一手泥) 'feel, touch, stroke'

966　模糊(眼前模糊,看不清) 'blurred, indistinct'　丹阳/苏州:糊涂

967　膜(蛋膜/竹子膜) 'membrane, film'

968　磨(磨刀/磨米) 'grind, polish, sharpen'

969　蘑菇 'mushroom'

970 抹（抹上石灰/抹油/搽粉/涂）'apply, smear, rub on'　金沙:搨

971 磨（石磨/磨盘）'millstone, mill'

972 沫子（细小的泡沫）'foam, froth, tiny bubbles'　泰州:某/母　苏州:膜（音）

973 陌生人'stranger'　FY:生人

974 墨（液体的和固体的）'ink, ink stick'

975 墨斗（木匠用的工具）'carpenter's ink marker'

976 模样'appearance, look'

977 母亲/妈妈　◆★'mother/mom'　FY:娘

978 亩（一亩地）'mu'［traditional unit of area］

979 木板/木片'board, plank'　有无"木柿 fèi"，劈下来的木片

980 木柴（做燃料或引火用的小块木头;柴火）'firewood'

981 木刺（戳进皮肤里的竹木刺）◆★'splinter'　苏州:帐　金坛:森（去声）

982 木匠'carpenter'

983 木头'wood'

984 木屑'sawdust, wood shavings'（刨花/木花）

985 木鱼'wooden fish (fish shaped clapper used by Buddhists)'

986 苜蓿（黄花苜蓿）'alfalfa, clover'　FY:黄花儿/ 金花菜/草头

N

987　拿 ◆★'hold，pick up'（把书拿给我/拿笔写字/ 拿筷子/拿去）

988　哪个 ◆★'which'（你喜欢哪朵花？/ 哪个是你的？）

989　哪些'which ones'

990　哪里/哪儿 ★'where'　FY:哪块/赖里/拉里港

991　那(原指)'that'(1) 那是谁'Who's that?'　注意:后面是否一定要量词，(2)那我们
　　　就不再等了 'then，in that case'

992　那个 ◆★'that'［*Demonstrative* used with measure words］（那条河很深/那个人我
　　　不喜欢）

993　那些'those'

994　那时候'that time，then'

995　那样'that way，like that'

996　那里'there'（到他那儿去/在那儿,不在这儿。）　FY:那块/个边/个里

997　奶(小孩吃奶)'breasts，milk'

998　男人/男女 ◆★▲'man/man and woman'

999　南/南边 ◆'south'

1000　难'difficult'

1001　难过/难受(1)不舒服 'uncomfortable，unwell，ill'，(2)痛苦 'suffering，pain；sad，unhappy'

1002　难看/丑 ◆★ 'ugly'　注意:能不能说"丑"?

1003　脑子 ◆★ 'brain，mind，head'　FY:头脑子

1004　嫩 'tender，delicate'

1005　能(这个能吃,那个不能吃) 'able to，can'　吴语:(勿)好吃　江淮:不说得

1006　能干(那个人很能干) ◆★ 'able，capable'　吕四/金沙:茄

1007　泥/泥土 ◆★ 'mud'　FY:烂泥

1008　泥鳅 'loach'　FY:鳅鱼/黄鳅

1009　你/你的 ◆★ 'you/your/yours' [*Pronoun*：2ⁿᵈ person，**singular**]（有无"您"）

1010　你们/你们的 ◆★ 'you/your/yours' [*Pronoun*：2ⁿᵈ person，**plural**]

1011　腻(吃腻了/听腻了/这个菜太油腻了) 'greasy，oily；bored with，tired of'

1012　年/年初/年底 'year'

1013　年龄/年纪 'age'

1014　年轻 'young'

1015　碾(米) 'mill（rice），to husk or grind'

1016　念(念经/念书/读) 'read aloud，study'

1017　鸟　◆★'bird'　FY:雀子/雀儿/将(即"雀儿")　　注意:和"麻雀"的关系

1018　尿(一泡尿/)　◆★'urine, pee'

　　　　撒尿'to urinate'

1019　尿布'diaper, nappy'　金沙:衲子　吕四:落子

1020　捏　◆'hold between finger and thumb, pinch'

1021　镊子'tweezers'

1022　拧干(绞毛巾)◆★'to wring dry'　FY:整/挤/绞

1023　拧开(把瓶盖拧开/拧螺丝/拧人)'twist, twist open, pinch, tweak'　吕四:己/挤

1024　牛(水牛/黄牛)◆★'ox, cattle, buffalo'

1025　牛虻(叮在牛身上的大"苍蝇")'gadfly, horsefly'

1026　扭伤(扭伤手脚/闪腰)'twist and injure, wrench, sprain'

1027　农民'peasant farmer, peasantry'

1028　浓(茶很浓)'thick, strong, concentrated (of liquid)'

1029　脓(流脓)'pus'

1030　女儿　◆★'daughter'(排行:大女儿/小女儿)

1031　女人　◆★▲'woman'

1032　女婿　◆★'son-in-law'

1033　暖和(天气暖和)'warm, comfortably warm (of the weather or surroundings'　苏州：
暖热

1034　暖壶/热水瓶'thermos bottle'

1035　疟疾(发疟疾/打摆子)'malaria'

1036　挪/移动'move, shift'　FY:捅/统(上声)

1037　糯米'glutinous rice'　FY:黏米/茶米

O/P

1038　藕 ◆★'lotus root'

1039　呕/呕吐/吐(去声)'vomit, throw up'

1040　趴(趴着睡)'lie on one's stomach'

1041　扒(扒饭)'gather together (with chopsticks, a rake, etc.)'

1042　扒手'pickpocket'　FY:三只手/扒儿手

1043　爬(爬行/爬起来/爬树) ◆★'crawl, creep, clamber, climb'

1044　耙田'to rake, harrow'

1045　怕(害怕)'fear, be afraid of'(怕鬼/怕陌生人)

1046　拍(拍桌子/拍手) ◆★'clap, pat, beat'

1047　拍马屁'flatter, fawn on, toady to'

1048 旁边(边/我们家在山旁边)'side'

1049 螃蟹 ◆★'crab'

1050 胖 ◆★'fat，plump (of people)'

1051 胖子'fat person' 吴语：大块头

1052 跑 ◆★▲'run' FY：奔（和"走"比较,有时"跑"就是走）

1053 泡儿'bubble，blister'(脚上起了个泡)/水泡

1054 泡(泡在水里/泡茶)'soak，steep'

1055 泡沫(煮肉起泡沫)'bubbles，foam，froth'

1056 陪(陪伴/陪客人喝酒)'accompany'

1057 赔(1)赔钱/赔偿'compensate for，pay for',(2)赔本'take a loss (in business deal-ings)'

1058 喷嚏/打喷嚏'sneeze'

1059 朋友'friend'

1060 彭(姓/彭德怀)［*Surname* ：Péng］

1061 棚子(凉棚) ◆'shed，shack，awning'

1062 捧'hold or carry in both hands' 注意声母

1063 碰(碰撞/碰见) ◆★'touch，bump，meet，run into'

1064 披屋(披厦)'side shed'[small shed or room built against the side of a house or small building'

1065 劈(用斧头劈木柴)'split，chop，cleave'

1066 霹雳/霹雷'thunderbolt，thunderclap'

1067 皮儿(树皮/果皮)'skin，bark，peel'

1068 枇杷'loquat'

1069 琵琶'pipa，Chinese lute'

1070 屁股'rump，haunch，butt'

1071 偏(不让他去,他偏要去)[Adverb indicating outcome is opposite of what is expected or desired]　FY:偏生

1072 便宜 ◆★'cheap，low priced'　苏州:强

1073 骗'deceive，fool，trick'

1074 瓢虫'ladybug'　江淮:新娘子

1075 漂洗/清洗'rinse，clean by rinsing'(擦了肥皂后,把衣服在清水里漂洗)　FY：汰/过/寨

1076 平(地面很平/把纸铺平)'level，flat，even'

1077 瓶子(一瓶酒)'bottle，vase，jar，flask'

1078 泼(泼水) ◆★'sprinkle，splash'　泰州:斧/虎

1079　婆婆(丈夫的母亲)◆★'husband's mother'　FY:婆老太/阿婆/婆奶奶

1080　破(破布/衣服破了/打破)◆★'broken, damaged, torn'

　　　碎(把杯子打碎了)'break to pieces, smash'

1081　剖(把鱼肚子剖开)'cut open, rip open'

1082　铺/铺开(铺床/铺草席)'spread, unfold, spread out upon'

1083　铺盖'spread over and cover up'

1084　葡萄'grape'

1085　蒲公英'dandelion'

Q

1086　妻子/老婆◆★'wife'　吕四:婆娘　金沙:奶奶

1087　欺负'bully, unfairly tease'

1088　漆'lacquer, paint'

1089　齐(牙齿很齐/不齐/很整齐)'neat, even uniform'

1090　奇怪'strange, odd, weird'

1091　骑(骑马/骑脚踏车)'to ride astride (as on a horse or bicycle)'

1092　棋盘'chessboard, *go* -board'

1093 棋子 'game piece, chessmen，*go* pieces'

1094 旗(一面) 'flag, banner'

1095 乞丐/叫花子 'beggar'

1096 起来 'rise,arise' (1)坐起来 'sit up', (2)起床 'get up out of bed'

1097 气(自行车没气了) 'gas，air，breath'

1098 气喘(哮喘)(比较:喘气) 'asthma'

1099 掐(掐死/掐虱子) 'pinch，nip'

1100 恰巧/正巧 'by chance, coincidentally'　FY:贴正/正好

1101 千(一千) 'thousand'

1102 牵(牵牛/牵手) 'lead along (by the hand，halter，etc)，pull'

1103 铅笔 ◆★ 'pencil'

1104 前边/前面 ◆★ 'front'

1105 前年/大前年 'the year before last/two years ago'

1106 前天 'the day before last'　FY:前个/前日/前朝子

　　　大前天 'two days ago'　FY:先先日子/前夜子/前隔日子

1107 钱(用钱/一块钱/铜钱/钞票) ◆★ 'money, copper coin, cash'　吴语:铜钿/洋钿[发音]

1108 钱包 'wallet, purse'　FY:皮夹子

1109 潜水/扎猛子 'dive, go under water'

1110 浅(水很浅/颜色浅) ◆★ 'shallow (of depth), light (of color)' 参见"淡"

1111 欠(我欠他五块钱) 'to owe'

1112 呛(吃呛了) 'to choke'

1113 枪(鸟铳) 'gun, rifle, firearm'

1114 强盗 'robber, bandit' FY:强头

1115 强奸 'rape, violate'

1116 蔷薇 'rose' 注意发音

1117 墙(外墙) 'wall'

1118 抢/夺 'rob, loot, snatch, grab away'

1119 敲门 ◆★ 'knock on the door' 苏州:碰门

1120 敲竹杠/讹人 'overcharge, fleece, take advantage of'

1121 缲 qiāo 边儿(缝纫的一个工序) 'to stitch a hem'

1122 桥(一座) 'bridge'

1123 翘起来(尾巴翘起来了/木板受潮,翘 qiáo 起来了) 'curl upwards, stick up'

1124 撬(把门撬开) 'pry, prize'

1125　切（切肉/切菜/切碎）'cut，slice'

1126　茄子 ◆★ 'egglant'　FY:落苏

1127　亲戚 'relatives（through marriage）'　FY:亲眷

1128　亲嘴（接吻）'kiss（on the lips）'　金沙:做乖

1129　芹菜 'celery'（1）药芹（2）水芹　FY:蒲芹/群菜

1130　琴 'qin，Chinese zither'

1131　勤快 'diligent，hard working'

1132　青菜 'green vegetables'

1133　青苔 'moss'　FY:青衣苔/青泥苔

1134　青蛙/田鸡 'frog'　FY:水鸡　溧水:田鸡蟆

1135　轻（木头比铁轻）◆★ 'light（in weight）'

1136　清（水清）'clear，unmixed，lucid'

1137　清楚 'clear，distinct'

1138　蜻蜓 'dragonfly'　FY:星星　金沙:飞蛉蛉

1139　晴/晴天 'fine day，sunny，clear weather'

1140　请（请客/请人帮忙）'request，ask，invite'

1141　亲家（亲家公/亲家母）'parents of one's daughter-in-law or son-in-law'

1142 穷 'poor，poverty stricken'

1143 秋千(荡秋千)'swing（to swing in a swing）'

1144 秋天 ◆★ 'autumn'

1145 蚯蚓 ◆★ 'earthworm'　FY:曲蟮/寒宪/地龙/和蟮/河宪

1146 球 'ball，sphere'

1147 蛆 'maggot'　FY:蛆卵儿

1148 娶(娶媳妇/娶老婆) ◆★ 'take a wife, marry a woman'　溧水:抬媳妇

1158 去 ◆★ 'go'(进去/出去/上去/你到哪儿去？我上街去。) 注意发音

1149 去年 ◆★ 'last year'　FY:去年(子)/旧年(头)

1150 拳头 'fist'

1151 颧骨 'cheekbone'　FY:颧骨头/面颊骨(颊,音结)

1152 劝(劝他不要去)'advise,urge, try to persuade'

1153 缺(碗缺一块/缺牙齿)'missing, absent，lacking'

1154 缺口(碗上的缺口) ◆ 'gap, notch, chipped spot'

1155 瘸子/瘸腿 'cripple, lame person'　FY:拐脚/脚子/折脚

1156 雀斑 'freckle'　FY:雀儿斑/脚子斑

1157   裙子 'skirt'

R

1158   染（染色）◆★ 'to dye'

1159   让（让他一点儿/别让他来）◆★ 'let，allow，yield，give way to'

1160   绕（脚缠在绳子里/绕圈子）'to go around，coil，circle'   缠小脚/裹脚

1161   惹（别惹他生气）'provoke'

1162   热（热水/天气很热）◆★▲ 'hot'

1163   热闹 'bustling with noise and excitement，lively'   FY:闹热

1164   人（几个人/一群人）◆★▲ 'person，people'

1165   人家（代词）[*Nonspecific pronoun* that can refer to the 1st，2nd，or 3rd person]

1166   忍（忍耐/忍不住）'endure，bear，put up with'   FY:耐/熬/挨

1167   认识（那个人我认识）◆★ 'be acquainted with，recognize'

         不认识:认不得 'not acquainted with，not recognize'

1168   认真 'conscientious，diligent'

1169   韧（这块皮很韧）'tenaciously elastic，pliable but strong'   FY:有精韧   注意:是否单用

1170   仍然/仍旧 'still，yet，as always'

1171   日历 'calendar'

1172 日蚀（日食）'solar eclipse' 吕四：太阳吞

1173 日子 ◆★'day，date'(1)好些日子'quite a few days'，(2)过日子'pass the time，spend one's days' FY：日脚

1174 绒布'flannel'

1175 容易（说起来容易，做起来难）'easy'

1176 熔化/溶化（金属熔化了/化雪/冰化了）◆★'melt，dissolve' FY：烊

1177 揉 ◆★'rub，knead'(1)揉腿/揉眼睛'rub one's legs/rub one's eyes，(2)揉面'knead dough' 泰州：挪/罗（阳平，抚摩）

1178 肉（肉末/肉片/肉丝）◆★▲'meat，flesh，pulp'

1179 如果（如果他不来，我就要走了）'if，in the event that'

1180 乳房'breasts，teats，mammae' FY：奶奶/奶子/妈妈

1181 入赘/招赘（招女婿）'marry into one's brides family'

1182 褥子/垫被'cotton padded mattress'

1183 软（这块绸子很软）◆★▲'soft，supple'

1184 闰月'intercalary month (in the lunar calendar)'

S

1185 撒娇'teasingly pout，act like a spoiled child' 泰州：发波

1186　撒（sǎ）'scatter, sprinkle (something dry)'(1)撒种'sow seeds'/在菜里撒盐'sprinkle salt on the food'◆★,(2)米撒了'the rice spilled'

1187　洒（洒水）'spray，sprinkle (a liquid)'

1188　塞'stuff，plug up，squeeze in'

（1）堵塞/把瓶子塞住

（2）塞红包

1189　塞子（瓶塞子）◆★'plug，stopper，cork'　FY:足子/真/塞头

1190　三九天（最寒冷的天气）'the third nine-day period after the winter solstice，the coldest days of winter'

1191　伞/雨伞'umbrella，parasol'

1192　散（鞋带散了）'come loose，scatter'

1193　散（散会/散场）'be over，break up (of a meeting)'

1194　桑葚'mulberry'

桑树'mulberry tree'

1195　扫（扫地）'to sweep'

1196　扫帚/笤帚'broom'

1197　烧心/嘈（胃里的不适感/烧心）'unfilled，still uncomfortably hungry，heartburn (after an incomplete meal)'

1198　嫂子／嫂嫂 ◆★ 'elder brother's wife'

1199　涩（生的柿子很涩）◆★ 'astringent，puckery'

1200　森林 'forest'

1201　杀（杀猪/杀人/杀死）'kill，slaughter'

1202　沙子（一把）'sand'

1203　傻（胡涂不懂事，和"呆、笨"比较）◆★ 'stupid，muddleheaded'　吴语：戆

1204　傻子（呆子）◆★ 'fool，blockhead，simpleton，idiot'　扬州：哈子　姜堰：呆小　丹
　　　阳：哈公　吴语：戆大

1205　筛（筛粉）'sift，sieve，winnow'（比较：簸稻谷）

1206　筛子 ◆★ 'sieve，sifter，winnowing tray'

1207　晒（把衣服晒干/冬天晒太阳取暖）◆★ 'to sun，dry in the sun'　FY：浪（音）

　　　晒太阳 'bask in the sun，put/be in the sun'

1208　晒谷场 'patio or plaza for drying grain'

1209　山（一座山）◆★ 'mountain，hill'

1210　扇扇子 ◆★ 'to fan a fan'

1211　闪电/打闪 ◆★ 'flash lightening'　金沙：豁闪　溧水：擦霍

1212　扇（一扇门）［*Measure* for doors，partitions，screens，etc.］

1213　扇子/蒲扇/芭蕉扇 'fan'

1214　上(上山/上楼)'ascend，go up，climb up'

1215　上/上面(方位) ◆★ 'upper，upside，top，on'(地板上/桌子的上面)

1216　上坟 'visit a grave'

1217　上午 ◆★ 'forenoon，morning'　FY:上半日　吕四:上昼

1218　烧(烧饭/烧香/烧柴/烧焦)'cook，bake，roast，burn'

1219　烧饼 'flaky sesame seed cake'　苏州:大饼

1220　稍微 'a little bit，tiny amount，trifle'　苏州:稍为

1221　勺子 'spoon，ladle'(1)舀水用的 'ladle for water'，(2)盛饭用的 'rice serving spoon'

1222　少(钱太少了) ◆★ 'few，little，less'

1223　哨子 'whistle'

1224　潲雨(雨斜着下,飘进入屋子)'rain slants/drives in'

1225　赊/赊账 'buy or sell on credit'

1226　舌头 ◆★ 'tongue'　溧水:舌舔

　　　口条(猪舌头/赚头)◆★ 'pork tongue'

　　　注意人和动物舌头的区别

1227　蛇 ◆★ 'snake'　FY:长虫

1228 舍不得 'grudge, cannot bear to give up or part with or use'

1229 射(射箭/射中) 'shoot, fire (a weapon)'　注意是否读入声(食亦切)

1230 伸(把手伸出来/伸懒腰) 'stretch, extend'

1231 身体/身子 'body, health'

1232 深/(颜色深/沟很深) ◆★ 'deep, dark (of color)'

1233 什么(什么东西) ◆★ 'what'　FY:啥

1234 什么时候/几时 'when'

1235 婶婶 ◆★ 'wife of father's younger brother'

1236 肾脏(腰子) 'kidney'

1237 升(十合为一升) *sheng*, litre'[unit of measure by volume]

1238 生 ◆★ (1)生孩子 'give birth, bear a child', (2)肉是生的 'raw, uncooked'

1239 生气 'get angry'　FY:动气

1240 生肖(属相) 'the twelve animals of the Chinese zodiac corresponding to the twelve Earthly Branches and representing a twelve year cycle'

鼠	牛	虎	兔
'rat'	'ox'	'tiger'	'rabbit'
龙	蛇	马	羊
'dragon'	'snake'	'horse'	'goat'
猴	鸡	狗	猪
'monkey'	'chicken'	'dog'	'pig'

1241 生锈'to rust，get rusty' 锈'rust，oxidation'（铁锈/铜锈）

1242 生殖器（人的［大人/小孩］/动物的）'reproductive organs'

　　　　阴茎'penis'　　　　精液'semen'

　　　　睾丸'testicle'　FY：卵/卵子/阴囊

　　　　阴道'vagina'

　　　　性交'sexual intercourse'　FY：日/插/戳　泰州：操/造

1243 声音/声（叫两声）'sound，voice'［*Measure* for'a shout'］

1244 牲畜（牲口/畜生）'livestock，domestic animals，beast of burden，beast'（骂人的话？）

1245 绳子（一条/一团）'cord，rope，string'

1246 省（福建省）'province'

1247 省（省钱/节省/节俭）'save，economize'

1248 剩（剩一碗饭/剩下来的都是你的）◆★'surplus，remnant'　FY：听（去声）

1249 师傅'master worker/craftsman'

1250 虱子（头虱子）'louse'

1251 施肥　◆★'apply fertilizer，spread manure'

1252 湿（潮湿）◆★'wet，damp，humid'

1253 石灰'lime'

1254   石臼 'stone mortar'   FY:碓窝子/舂臼   溧水:步臼/碓臼

1255   石榴 'pomegranate'

1256   石头/石子 'stone, rock, pebble'

1257   时候（时间）◆★ 'time'   金沙:辰光

1258   时髦/时兴 'fashionable, in vogue'

1259   蚀本/折本 'lose one's capital, lose money in business'

1260   屎（大便）◆★ 'excrement, feces'

        拉屎 'deficate'

1261   事情（一件）'matter; business, affair, thing' ◆★   吴语:事体

1262   试（试试看/试着做）'to try'

1263   是（这是谁的? 不是我的,是不是他的?）◆★ 'is' [the *copula*]

1264   柿子 'persimmon'

1265   收（收谷子/收麦子）'harvest, gather (crops)'

1266   收拾/拾掇（收拾房间）◆★ 'put in order, tidy up'   吕四:收作

1267   手 ◆★ 'hand'   吕四:鸦手[手不灵便]

1268   手巾（毛巾）'towel'

1269 手帕/手绢'handkerchief'　FY:手捏子/绢头

1270 手套(戴手套)'glove'

1271 手艺人(木匠/瓦匠)'craftsman'　FY:匠人

1272 手纸(卫生纸)'toilet paper'

1273 受不了'cannot bear，unable to endure'　FY:吃不消

1274 瘦(人很瘦/瘦肉/精瘦)◆★'thin，lean'

1275 书(一本)'book'

1276 书桌'desk'

1277 叔叔(父亲的弟弟)◆★'father's younger brother'　溧水:挖挖/歪歪

1278 梳头'comb one's hair'

1279 梳子'comb，hairbrush'

1280 舒服(不舒服)◆★'comfortable'　FY:写意/舒坦　吕四：适意/好过

1281 蔬菜'vegetables'

1282 输(输给他了/输了很多钱)'lose，be defeated'

1283 输液/打吊针/打点滴/挂水'give/get an intravenous drip or injection'

1284 赎(把抵押的东西赎回来)'redeem (something pawned or given as security)'

1285 熟(水果熟透了/饭熟了)◆★'ripe，fully cooked'

1286   树/树根/树枝/树皮/树叶 'tree；roots；branches；bark；leaves'

1287   竖 ◆★'vertical，upright，perpendicular'(1)竖的线 'vertical line',(2)(把电线杆竖起来)'
        set upright，stand up'

1288   数/数目 ◆★'number'

一   二   三   四   五

六   七   八   九▲   十

十五(发音)/几十("十"的不同发音)

二(十二/二十/一百二)

有无"廿"

210 怎么说 ★

1289   漱口 'rinse the mouth，gargle'   FY:漱嘴

1290   刷(刷牙)'to brush，scrub'

1291   刷子'brush，scrubber'   FY:板刷(较硬的)   注意种类。

1292   摔 (1)摔东西 'cast things，throw something',(2)摔跤 (摔倒了/摔了一跤)'fall，
        tumble'

1293   拴(把绳子拴在树上)'tether，tie'   比较:闩(闩门)'latch (a door)'

1294   涮(涮碗)'to rinse (by dipping or swirling in/with water)'   苏州/崇明:荡

1295 双(一双鞋)[Measure: 'pair']

1296 双胞胎'twins'

1297 霜(下霜)'frost'

1298 谁 ◆★ 'who'

1299 水(一盆水)★ 'water'

1300 水车'waterwheel'

1301 水沟'ditch (through which water flows), gutter'

1302 水渠/渠道'ditch, canal, channel'

1303 水煮/清水煮 ◆★ 'cook in boiling water, parboil' 吴语:煠 [zaʔ]

1304 睡觉(睡醒/睡着/睡不着/睡过头)◆★▲ 'to sleep' FY:睏觉 注意:吴语"觉"(睡一觉)能单独做动词,表示醒。

1305 吮吸/嘬(嘬奶头/嘬橘子汁)'to suck' 吕四:缩/索(即"嘬")

1306 顺便'in passing, on one's way, incidentally'

1307 顺风'go with the wind, have a favorable wind'

1308 说(话)'speak, talk, say' FY:讲张/讲闲话/话

1309 说谎'tell a lie, lie' FY:说鬼话

1310 丝瓜(丝瓜络)'loofah'

1311　私生子'illegitimate child'

1312　撕(把布撕成两块)'tear，rip'　苏州/丹阳:哼(音)

1313　死(他去年死了)◆★'to die'

　　　("死"作补语:吓死/打死/杀死/屋子里热死了)〔Result complement：'to the death'〕

1314　松(不紧/捆得很松/饭很松)'loose，slack'

1315　松花蛋/皮蛋'preserved eggs'　FY:变蛋

1316　松树'pine tree'

1317　宋(姓)〔Surname：Sòng〕

1318　送(把信送到他手里)'deliver'

1319　馊(菜放馊了/饭馊了)'gone sour，spoiled'

1320　酸(醋太酸)◆★'sour，tart'

1321　蒜(蒜头)/大蒜'garlic'

1322　算(算账)'calculate'

1323　算盘(打算盘)'abacus'

1324　岁(几岁/他今年多大了？大概有三十来岁吧。)◆★'year (of age)'

1325　孙(姓)〔Surname：Sūn〕

1326　孙子(孙女)'son's son，grandson'

1327　笋(竹笋)'bamboo shoot'

1328　榫子'tenon, male half of a joint or hinge'　FY:榫/榫头

1329　梭子(织布时用)'shuttle'

1330　蓑衣'straw or palm bark rain cape'

1331　缩(缩小/缩水)'shrink'

1332　索性/干脆'might as well, just go ahead and (do sth.)'　FY:索索/爽性/由性

1333　锁(一把/动词)'lock, to lock'

1334　锁骨'collarbone, clavicle'

T

1335　他▲/她/它/他的◆★ 'he/she, him/her, his/hers, it/its'[*Pronoun*：3ʳᵈ person, **singular**]

1336　他们/她们/它们/他们的 ◆★ 'they/theirs'[*Pronoun*：3ʳᵈ person, **plural**]

1337　塔'pagoda, tower'

1338　塌(塌下来)'collapse, fall down, cave in'　FY:坍　吕四:蒲(阳上)

1339　台阶'steps (leading to a building), flight of steps, landing steps'　苏州:阶沿

1340　抬(抬头/抬桌子)'lift, raise, carry (of two or more persons)'

1341　太(太小了)◆★ 'too, excessively'　吴语:忒

1342　太阳 ◆★ 'sun'（太阳下山/太阳地里）　FY:日头

1343　太阳穴 'the temples'　FY:太阳/太阳塘儿

1344　摊（把衣服摊开/把书摊开）'spread out'

1345　摊子（摆摊子/摊贩）'vendor's stand，stall，booth'

1346　瘫痪（瘫子）'paralyzed'

1347　坛子（甏/瓮）'earthen jar，urn'

1348　痰（一口痰）'phlegm，sputum'

1349　弹（弹琴）'play（a stringed instrument），pluck，strum'

1350　毯子（毡子）'blanket，rug，carpet'

1351　汤（他吃饭时一定要喝汤）'soup，broth'

1352　汤圆/元宵（有馅的）'stuffed glutinous rice dumplings'　FY:汤团/团子

1353　糖（红糖/白糖/水果糖）'sugar，candy'

1354　堂房（堂兄弟姐妹）'cousins having the same paternal grandfather'

1355　螳螂 'mantis'　FY:斫螂　溧水:刀脚郎/刀扎郎

1356　躺（躺在床上）'lie，recline'

1357　烫（开水很烫）'scalding to the touch'

1358 掏(从口袋里掏出来)'pull out, draw out, fish out'

1359 逃跑/逃走'escape, run away, flee'

1360 桃子'peach'

1361 淘米/淘米箩/淘米水'wash rice in a pan or basket'[also the name of the basket and water that remains from the washing]

1362 讨(讨债)'ask for, beg for, demand'

1363 讨厌'disagreable, bothersome, disgusting' FY:犯嫌/讨嫌(反义词:"讨喜")

1364 套(1)套上外衣'slip over, cover with, encase in',(2)量词(一套工具/一套衣服)[*Measure*:'set, suite, suit']

1365 特地'especially, for a special purpose' FY:迭为

1366 疼/痛(疼痛)'ache, painful, sore'

1367 梯子'ladder'

1368 踢'kick'

踢毽子'kick a shuttlecock'

1369 提(提水/提篮子)◆★'carry hanging from the hand (with arm down)' FY:拎

1370 替(替我去/替他办)'take the place of, on behalf of'

1371 天(一天/天天)'day'

1372 天(天空/天上没有云彩)'sky, heaven'

1373　天窗 'skylight'

1374　天干地支 'the (ten) Heavenly Stems and the (twelve) Earthy Branches'

甲	乙	丙	丁	戊
己	庚	辛	壬	癸
子	丑	寅	卯	辰
巳	午	未	申	酉
戌	亥			

1375　天花板 'ceiling'　FY:顶棚/承尘

1376　天井 'enclosed courtyard'（四面有房子,中间能见天的小院子）

1377　天亮（黎明,清晨）'dawn，daybreak'　金沙:早更头

1378　天气 'weather'

1379　添（再添一点饭）'add，increase'

1380　田埂 'bank of earth between rice fields'

1381　田埂缺（田埂上的缺口,放水用）'gap in the ridge between rice fields'

1382　田螺 'river snail'

1383　甜（甜得过分）'sweet'

1384 甜瓜/香瓜'muskmelon'

1385 填(把洞填平)'fill, fill in, stuff'

1386 填房(嫁给鳏夫,或指这样的妇女)'marry a widower, a woman who marries a wid-
       ower' FY:补房

1387 舔 ◆'to lick'

1388 挑 ◆★ (1)挑(水)'carry on the shoulder with a pole',(2)挑(个好的)'pick,select,
       choose'

1389 条(一条被子/一条鱼)［Measure for blankets, fish, etc.］

1390 调羹 ◆★'spoon' FY:汤勺/抄 注意:和"勺子"的不同

1391 调皮/顽皮/淘气 ◆★'naughty, mischievous, unruly' FY:皮/厌/厌皮

1392 跳(跳过去/跳舞) ◆'jump, leap, dance'

1393 跳板(船上的跳板)'gangplank'

1394 跳蚤 FY:虼蚤/跳虱'flea'

1395 铁(钢铁)'iron'

1396 厅(大厅/客厅)'hall'

1397 听/听见(听不见/听得见)'listen, hear'

1398 听不懂/听得懂'can/cannot understand what is said'

1399 通(这条路通上海/这话不通)'opens to,leads to, makes sense'

1400   通通（钱和行李通通没有了）'all, entirely, completely'又作"统统"

1401   铜（铜匠）▲'copper'

1402   茼蒿'crowndaisy chrysanthemum'[an edible vegetable] FY:蒿菜/蓬蒿菜/蓬哈菜

1403   瞳孔（瞳人）'pupil (of the eye)' FY:眼仙人/仙人头

1404   桶（水桶/吊桶）◆★'bucket, pail'

1405   筒（筷子筒）'tube-shaped object (as a chopstick holder made of a section of bamboo,
        etc.'（注意发音，阳平）

1406   偷（偷东西）'to steal'

1407   头/脑袋 ◆★'head' （一头牛）

1408   头发'hair (on the head)'

1409   头发旋儿（xuánr）（头顶上头发集中处，头发呈旋涡状）◆★'cowlick, the swirl of
        hair often found at the crown of ones head'

1410   头屑'dandruff' FY:头皮屑/头皮

1411   头晕（头昏）'dizzy, giddy'

1412   骰子（掷骰子）'dice' 溧水:猴子   北京:色（shǎi）子

1413   凸（地面凸起来了）'protruding'   参见"鼓起来"

1414   秃子'bald, bare'

1415　图章（印章）'seal，stamp'　FY:图书

1416　徒弟'disciple，apprentice'

1417　土（泥土）'soil，dirt，earth'

1418　土地'land'

1419　吐（吐口水/吐痰/蚕吐丝）◆★'to spit'　比较:呕吐

1420　兔唇'harelip'　FY:缺嘴/豁嘴　吕四:缺子

1421　兔子'rabbit，hare'

1422　推（把门推开/把人推出去）'push，shove'　FY:搡　吕四:戳[阳平]

1423　腿（大腿/小腿/后腿/鸡腿）★'leg'　苏州:髈[阴上]

1424　退（往后退）'step back，move back，retreat'

1425　褪色'fade（of color）'

1426　吞/大口吃'swallow，gulp down'

1427　托（1）用手托起来'hold in/on the palm'，（2）托人帮忙'ask（for assistance）'

1428　拖（1）拖车子'drag，pull（as a cart）'，拖鼻涕'wipe up/off（as a runny nose）,（2）时间
　　　拖得很长'delay，procrastinate'

1429　拖把'a mop'　　FY:拖粪/拖帚/郎把

1430　拖鞋'slippers'

1431　脱　◆★　(1)脱衣服'take off (clothing, shoes, etc.)', (2)脱皮/脱毛'shed (skin, feath-
　　　　ers, etc.)'　泰州:唾/兔[去声]

1432　脱臼'dislocate (as a joint)'　FY:脱榫/脱骱

1433　驼背/驼子'hunchback'　FY:骆驼

W

1434　挖(挖坑/挖耳朵/挖竹笋)'dig, dig up, dig at'

1435　瓦/瓦片　◆★▲'tile'　(在屋上盖瓦,北京说 wà,去声)'to lay tile (on a roof)'

1436　瓦匠/泥瓦匠'tiler, bricklayer'

1437　袜子　◆★▲'sock, stockings'

1438　歪(衣服穿歪了/不正)　◆★'crooked, askew, slanted'注意声母(读晓母吗?)

1439　外边/外头/外面　◆★'out, outside, exterior'

1440　外地人(北方人/南方人)'people from elsewhere'　注意:有无对外地人的蔑称等,对
　　　　说不同方言的人的称呼:如"侉子"、"蛮子"等。
　　　　(1)说吴语的人'Wú dialect speaker'

　　　　(2)说江淮话的人'speaker of Jiāng-Huái dialects'

　　　　(3)说北方话的人'speaker of a northern dialect'

1441　外国人(对外国人的蔑称或其他)'foreigner, alien'

1442　外甥/外甥女　◆★'sister's son/sister's daughter'(形式和"外孙"有无区别)

1443 外孙/外孙女 ◆★ 'daughter's son/daughter's daughter'

1444 外祖父/外公 ◆★ 'maternal grandfather'（面称和背称） FY:公公/婆爹爹/舅公

1458 外祖母/外婆 ◆★ 'maternal grandmother'（面称和背称） FY:婆婆/婆奶奶/舅婆
吕四:奶奶

1445 弯腰 'bend at the waist' FY:赚腰/欧腰/摁腰

1446 豌豆 'pea' FY:安豆/小豆/寒豆/小寒豆

1447 完（做完了/写完了）〔Result complement ：'finished，done，completed'〕

1462 玩儿（去山上玩儿）（注意重叠形式的说法）◆★▲ 'play，have fun，recreate，enjoy
oneself' FY:白相/耍子 吕四:戏嬉

1448 玩具 'toy，plaything'

1449 晚（已经很晚了/晚了半天/来迟了）◆★▲ 'late' FY:晏

1450 晚稻 'late season rice'

1451 晚上 'evening'

1452 碗（饭碗/大碗）'bowl'

1453 万（一万块钱）'ten thousand' 注意声母,如麻将牌的名称

1454 王（姓/三画王）◆★〔Surname ：Wáng〕

1455 往/望（望东）/朝/向/往里走 'toward，in the direction of'〔Prepositon〕

1456 网（打鱼的网）'net，netting'

1457　忘记'forget'

1458　旺（火很旺）◆★'vigorous，high（flame）'

1459　围巾'muffler，scarf'　FY:于巾（于，是"围"的口语音）/脖巾

1460　围裙 ◆★'apron'　FY:于身（头）/饭单

1461　围嘴儿'bib'　苏州:于馋（于，是"围"的口语音）

1462　尾巴 ◆★▲'tail'

1463　为什么（他为什么要生气?）'why'

1475　为/为着/为了（为他高兴/为了让大家方便）'for，for the sake of，in order to'　注意:"为了"能否表原因

1464　味道/滋味/气味（香味儿）▲'smell，odor，flavor'　金沙:味水

1465　胃'stomach'

1466　喂（喂小孩吃饭/喂猪）◆★'to feed'

1467　温水 ◆★'warm（or lukewarm）water'　FY:温吞水/沃度水

1468　闻（用鼻子闻）'smell'

1469　蚊帐（一顶）'mosquito net'　FY:帐子

1470　蚊子 ◆★▲'mosquito'

1471　稳（坐得不稳）'steady，firm，stable'

1472　问（有事问他）'ask，inquire'　注意："跟他要钱"能否说"问他要钱"

1473　翁（姓）◆★〔*Surname*：Wēng〕

1474　蕹菜/空心菜'water spinach'

1475　莴苣/莴苣笋'lettuce'

1476　窝（鸡窝/鸟窝/蜂窝/狗窝）◆★'nest，lair，den，hive，litter'　FY:窠

1477　蜗牛'snail'　FY：天螺蛳/扛锅/角螺/胀螺

1478　我/我的 ◆★'I/me/mine'〔*Pronoun*：1st person，**singular**〕

1479　我们/我们的 ◆★'we/us/ours'〔*Pronoun*：1st person，*plural*〕（注意:有无包括式"咱们"）

1480　卧鸡子儿（把鸡蛋直接打在开水中煮熟）'poach a（chicken）egg；poached chicken egg'　注意:动宾或名词

1481　握（握刀子/握手）'hold，grasp，shake hands'

1482　乌龟'tortoise'

1483　乌鸦'crow'　FY:老鸦/鸦鹊/老鸹

1484　污垢（身上的污垢/茶垢）◆★'crud，filth，deposit of oily-sweaty dirt on the skin，accumulated tea stains in a cup or pot'　吕四:肯（阴去）

1485　屋顶（房顶/屋面）'roof'

1486　屋檐'eaves'　FY:房檐/出檐/檐头

1487 吴(姓)［*Surname*：Wú］

1488 蜈蚣'centipede' FY:百脚

1489 捂(捂着嘴)'muffle, cover'

1490 雾(起雾)'fog'

X

1491 西/西边 ◆★'west'

1492 吸(1)吸一口气;吸烟'inhale, breathe in',(2)把水吸干'suck up, absorb'

1493 稀 ◆★(1)稀疏'sparse, widely scattered' 吕四:朗［阴上］,(2)粥稀'watery, thin'

1494 稀罕(我们不稀罕你的东西/这是稀罕的事情)'rare, scarce; value as a rarity, cher-
       ish'

1495 锡(金银铜铁锡)'tin'

1496 熄灭(吹灭油灯)'put/go out, extinguish, die out (of a fire or flame)' FY:吹隐

1497 膝盖 ◆★'knee' FY:膝盖头/波罗盖/膝头盘/膝馒头/脚馒头

1498 蟋蟀'cricket' FY:蛐蛐/赚绩 金沙:雀叽叽

1499 习惯(吃惯了)'habit, habitual, accustomed to, used to'

1500 席子(天热,睡草席。) ◆★'mat' FY:棉席/白席/暖席(注意不同种类的名称)

1501 媳妇/儿媳妇 ◆★'son's wife' 金沙:新妇

1502 洗(洗衣服/洗菜)◆★ 'wash' FY:汰/净

1503 洗脸◆★ 'wash one's face'/洗脸水 'face washing water' FY:揩面/蒲面

1504 洗澡 ◆★ 'bathe, take a bath' FY:汰浴/洗浴

1505 喜欢/爱 ◆★ 'like, be fond of, love' （疼爱自己的孩子/爱看足球） FY:欢喜

1506 喜鹊 'magpie' FY:鸦鹊

1507 戏(一出戏) 'drama, play, show'

1508 细(线很细)◆★ 'thin, slender, fine'

1509 虾 ◆★▲ 'shrimp' FY:虾子

1510 瞎子(眼睛瞎了) 'blind person'

1511 下(打一下) [*Time complement* indicating informal or brief duration of action]

1512 下(下山/下去/吃得下) 'go down, descend'

1513 下巴/下腭(骨) 'chin' FY:牙巴骨儿

1514 下边/下面 ◆★ 'below, under, underside, underneath'

1515 下蛋 'lay eggs' FY:生蛋/拆蛋

1516 下棋(一盘) 'play chess' FY:来棋/着棋

1517 下水/杂碎(动物内脏) 'guts, innards, entrails'

1518 下午 ◆★ 'afternoon'   吕四:下昼

1519 下雨 ◆★ 'to rain'   FY:落雨

1520 吓(吓人/吓唬)'frightening, scary'

1521 夏天 ◆★ 'summer'

1522 先(你先去,我再去)'earlier, in advance, first'

1523 鲜(味道)'fresh tasting, succulent, delectable'

1524 闲谈(聊天) ◆★ 'to chit-chat, chat'   金沙:谈闲   溧水:嚼空   泰兴:讲经

1525 咸(菜极咸/咸鱼) ◆★▲ 'salty, salted'

1526 咸菜(腌制的青菜、雪里红)'salted vegetables'

1527 衔(衔在嘴边/衔着一枝香烟)◆★ 'hold hanging from the mouth'

1528 县 'county'

1529 苋菜 'three-colored amaranth'

1530 现在 ◆★ 'not, at present'

1531 线(针线/线团/一绞/一团)'thread, string, wire'

1532 馅儿(饺子馅) ◆★ 'filling, stuffing'   FY:心/馅心/包馅

1533 羡慕/眼红 'admire, envy'   吕四:眼生   金沙:眼艳 /眼惜

1534 乡下/农村 'countryside, rural area, village'

1535   香(形容词)'fragrant，aromatic'

1536   香(一支香/烧香)'incense'

1537   香烟/烟草/抽烟/烟斗'cigarette，tobacco'

1538   相信'trust，believe'

1539   厢房'wing，wing-room (of a one-story house)'

1540   箱子'box，chest，case，trunk'

1541   想(1)思索'think，ponder'，(2)想念'miss，remember with longing'

1542   向［Preposition：'toward，to'］(1)向前走'walk towards the front'，(2)向他借钱
        'borrow money from him'

1543   向日葵'sunflower'　　FY:葵花/朝阳头

1544   相貌/长相'facial features，looks，appearance'

1545   巷子'alley，lane'　　FY：弄/弄堂

1546   项链(戴项链)'necklace'

1547   像(很像他妈妈)◆★'resemble，be similar to，take after'

1548   橡皮'rubber'(1)擦字的'rubber eraser'，(2)指橡胶'rubber'

1549   削(削皮)◆★'pare or peel with a knife'　　金沙:桀(瓜)(阴平)

1550   小(地方不小/年龄小)◆★'small，little，young'

1551　小河 'small river, brook, creek'　FY：浜

1552　小伙子 'young man，lad，youngster'

1553　小老婆/妾 'concubine, mistress'　（"大老婆"怎么说）

1554　小米 'millet'

1555　小气（吝啬）'stingy'

1556　小舌 'uvula'

1557　小心/当心 'be careful，cautious'（路上小心/小心你的钱包）

1558　笑（他经常笑）◆★ 'laugh，smile'

1559　楔子（打进榫子木缝中的木片,使榫子不松动）'wedge'

1560　斜（线是斜的）◆★ 'slanting, at an angle, oblique'　吕四：筲[阴去]　（注意声母,迁
　　　谢切）

1561　鞋（布鞋）'shoes'

1562　写（写字/写信）◆★ 'write'

1563　谢 ◆★ 'thank'(1)谢谢,不用谢 'thanks, don't mention it',(2) 姓 [*Surname*：Xiè]

1564　心 'heart，mind，feelings'

1565　新（新汽车/新办法）◆★ 'new'

1566　新郎 'bridegroom'　FY:新郎官/新官人/新相公

1567   新娘'bride'   FY:新娘子/新娘娘

1568   新鲜'fresh'（菜很新鲜）

1569   囟门（囟脑门）'fontanel（on a baby's head）'（婴儿顶骨未合拢的地方）

1570   信（一封）'letter'

1571   信封'envelope'   FY:信壳（子）

1572   星星'star'

1573   行/可以'okay，all right'(1)可以做'can do it',(2)有本领'capable，competent'   金
        沙:来事

1574   醒（还没醒呢）'wake up，regain consciousnness'

1575   杏子'apricot'

1576   姓'surname，family name'

1577   幸亏/亏得'luckly，fortunately'（这次幸亏他帮忙，不然就麻烦了）

1578   性子（他性子很急）'temper，temperment'

1579   兄弟（哥哥和弟弟）'brothers'

1580   胸脯/胸口'chest，breast'

1581   熊（姓）[*Surname*：Xióng]

1582   **休息** ◆'to rest，take a break'   FY:歇

1583   修理'fix，repair'

1584   绣花'embroider'

1585   袖子'sleeve'   FY:衣裳管/衣袖管

1586   徐(姓)◆★〔Surname：Xú〕

1587   许 ◆ (1)允许'allow，permit'，(2)许愿'to promise'，(3)姓 ★〔Surname：Xǔ〕。第
       一、二项意义吴语方言有无读如"海"的

1588   许多'many，much，a lot of'

1589   癣'tinea，ringworm'

1590   旋风'whirlwind'   吕四:鬼头风

1591   楦头'shoe last，hat block'

1592   靴子 ◆★'boots'

1593   薛(姓/薛仁贵)〔Surname：Xuē〕

1594   学(学骑自行车)◆★'to learn'

1595   学生'student'   FY:学生子

1596   学徒'apprentice，trainee'

1597   学校(一所)'school'   FY:学堂

1598   雪(下雪)'snow，to snow'

1599　雪珠/霰子'snow pellets, graupel'　FY:雪珠子

1600　血(出血了)◆★'blood'

Y

1601　丫头(1)姑娘'girl',(2)青年女佣'servant girl'

1602　压(压死/压住/压平)'press on, hold down, flatten, crush'

1603　鸭子'duck'

1604　牙/牙齿/门牙/臼牙/智齿'tooth'(最后生出来的牙齿)/蛀牙

1605　牙龈'gums, gingiva'

1606　哑巴'mute person'　FY:哑子

1607　烟(冒烟)'smoke'

1608　烟囱'smokestack, chimney'　FY:烟筒

1609　淹(1)发洪水,桥也淹了'flood, submerge, innundate',(2)淹死'be drowned'

1610　阉/阉割(猪/鸡/牛)◆★'castrate or spay'　FY:劁/割/镦

1611　腌(咸菜/泡菜/腌肉)'preserve in salt, sugar, a marinade, etc. '(腌制的动作)

1612　研(研成粉末/研墨)'grind (into a fine powder), pestle'

1613　盐◆★'salt'

1614　严（姓）◆★ ［*Surname*：Yán］

1615　阎王 'Yama，King of Hell'

1616　颜色 ◆★ 'color'

红	黄	蓝	白
黑	绿	紫	
白色（姓白）	黑色（天黑）	黄（姓）	

1617　眼睫毛/睫毛 'eyelash'

1618　眼睛（眨眼/瞪眼）◆★ 'eye'

1619　眼泪 'tears'　FY:眼泪水

1620　眼珠 'eyeball'　FY:眼睛珠　吕四:眼乌珠

1621　咽（咽下去/咽一口水）'to swallow'

1622　砚台 'inkstone'　FY:砚墨台/砚瓦

1623　燕子 'a swallow'

1624　秧苗 'rice seedling'

1625　羊/山羊/绵羊 'goat，sheep'

1626　洋白菜/卷心菜 'cabbage'　FY:包菜

1627　养猪/养花 'raise pigs/cultivate flowers'

1628　痒（蚊子叮得很痒）◆★ 'itch，tickle'

1629　样子 'appearance，shape，pattern'

1630　腰（他的腰很细）'waist'

1631　窑/瓦窑 'kiln'

1632　摇/摇晃/摇头/摆手 'shake，wave，rock，turn'

1633　咬（咬一口）'to bite'

1634　舀（汤）'ladle out，spoon out，scoop up'

1635　药（药丸/药片）◆★ 'medicine，drug，remedy'

1636　要 ◆★ (1)要读书 'want to，intend to，wish to'，(2) 跟父母要钱/讨钱 'ask for'

1637　要紧/不要紧 'important/not important'　FY:勿碍/不带紧

1638　钥匙 'key'

1639　噎（不小心,差点儿噎死）'to choke'

1640　也（也是/你姓王,我也姓王,咱们两个都姓王。）'also，too，as well'［*Adverb*］

1641　也许 'perhaps，maybe'　FY:作兴/或许

1642　野鸡（雉）'pheasant'

1643　叶子（用什么量词?）'leaf'

1644   夜里'at night，in the middle of the night'（和"晚上"比较）

1645   一 ◆ (1)一地鸡毛'all，throughout'[used before nouns]，(2)一回来就要吃东西'as soon as，all of a sudden'[used before verbs and adjectives]

1646   一辈子'a livetime，all one's life，as long as one lives'

1647   一边（一边走，一边说）'at the same time，simultaneously'

1648   一大早'bright and early，early in the morning'

1649   一点儿（吃了一点儿/一点儿也不贵）◆★'a bit，a little'   FY:点点眼眼/一滴滴/一咪咪（这个大，那个小，这两个哪个好一点儿呢?）

1650   一定（他们肯定不去）'certainly，definitely，surely'

1651   一共（一共多少?)/总共'altogether，in all'   FY:共统儿/共总

1652   一会儿（请等一会儿）'a short while，in a moment'   FY:一刻儿/一歇歇

1653   一起（咱们一起去吧）◆★'together'

1654   一塌糊涂'in a complete mess'

1655   一下（等一下/看一下）◆★'a short while，once，briefly'   注意:"等一下"、"等一等"两种形式是否都能用

1656   一些'some，a few，'

1657   一样（我和他一样高）'the same，alike'

1658   衣服（上衣/裤子）'clothing，clothes'   FY:衣裳

1659 医生/中医 'doctor/Chinese medicine (or practitioner of it)'

1660 依靠（靠朋友/互相依靠）'rely on，depend on'

1661 姨夫 'the husband of mother's sister'　FY:姨丈/姨爹

1662 姨母/姨儿 'maternal aunt (married)'　FY:阿姨/姨妈/姨娘

1663 遗尿（尿床）'wet the bed'　FY:来尿/拉尿/萎尿/出尿

1664 以后/今后 'after，later，from now on，in the future'　金沙:下朝

1665 已经 'already'

1666 椅子 'chair'

1667 溢出来（充满而流出来）◆★　'overflow'泰州:坡/铺［阴平］（即"潽"pū）

1668 缢死 'die by hanging'

1669 阴天/阴 'overcast day'

1670 阴沟 'sewer，drainage ditch'

1689 洇（液体在纸上向四周扩散。这个纸洇水）'spread and sink in (of ink)'　FY:化/费/散

1671 银河 'the Milky Way'　FY:淮河/天河

1672 银子（金属）'silver，money'

1673 瘾（烟瘾）'addiction，strong interest in'　FY:念

1674 印泥 'Chinese vermilion seal paste'　FY:印油/印色

1675 应该/必须（你应该照顾老人）'should, ought to, must'

1676 婴儿 ◆★ 'infant, baby'　FY:毛伢子/奶伢儿/小毛头

1677 樱桃 'cherry'

1678 鹦鹉 'parrot'　FY:鹦哥

1679 鹰/老鹰 'hawk, eagle'

1680 萤火虫 'firefly, lightening bug'　FY:火萤虫/游火虫　金沙:火里郎

1681 赢（他赢了很多钱）'win, beat'

1682 影子 'shadow, reflection'

1683 硬（饼很硬）◆★ 'hard, stiff, tough'

1684 硬币 'coin'　FY:铅角子/角子/钢镚儿

1685 硬给 ◆★ 'force to accept or take sth. '　FY:搚

1686 拥挤/从人群里挤出来 'crowded, packed, push and squeeze（through a crowd）'
　　　FY:轧　泰州:西/希

1687 涌出来（水从地下涌出来）'gush out, surge out, well out'如果是喷射,说"标"吗?

1688 用（用扫帚扫地）'use, employ, apply'

1689 用处/用场 'use, application, good'

1690 用力（使尽力气）'use one's strength, exert oneself'

1691 油（豆油/菜油）'oil，fat，grease'

1692 油菜'rape，rapeseed，Chinese cabbage'

1693 油条'deep-fried dough sticks' FY:油炸鬼/油炸烩

1694 油炸 ◆★'to deep-fry' FY：汆（tʰən）

1695 游泳（去游泳/游水的动作）'to swim'

1696 有（我有两个孩子/山上有树/还有一个）◆★'have，posess，exist，there is/are'

1697 有钱（这里的农民很有钱）'rich，wealthy'

1698 又（小张又来了/说了一遍，又说一遍）'again'［used for completed or past actions］

1699 右/右边'right，the right side'

1700 右手 ◆★'the right hand' FY:正手/顺手

1701 淤血'clotted blood，bruised，turned black and blue'

1702 余（姓）［*Surname*：Yú］

1703 鱼 ◆★▲'fish'

      杀鱼 ◆★'kill and clean a fish' FY:劇鱼（劇,音 chí,即"治"［阳平］)

1704 鱼鳔'fish's air bladder' FY:鱼泡

1705 鱼刺 ◆★▲'fish bone' FY:鱼卡/鱼骨头/鱼芒

1706　鱼鳞 ◆★▲ 'fish scale'　注意"鳞"的读音

1707　鱼鳃 'fish's gill'

1708　鱼鹰 'fish hawk, cormorant'　FY:鱼鸦/水老鸦

1709　鱼子 'fish eggs，roe'

1710　俞(姓) [Surname：Yú]

1711　羽毛 'feather'　FY:毛

1712　雨(雨停了/下雨/倾盆大雨/一滴雨) 'rain'

1713　雨衣 'raincoat'

1714　玉(一块玉) ◆★ 'jade'

1715　玉米 ◆★ 'corn，maize'　FY:番麦　宝应:棒头　金坛:珍珠秫

1716　芋头 'taro, taro root'　FY:芋子/芋艿

1717　遇见 'meet，come across'　FY:碰着/碰见/碰到

1718　浴室/澡堂 'bathroom，shower room，bathhouse'　FY:混堂/澡堂(子)

1719　圆(今天月亮很圆) 'round，circular'

1720　远(路远/差得远) ◆★ 'far，distant'

1721　院子 'yard，courtyard'　参见"天井"的说法。与"天井"有什么不同？

1722　愿意(你愿意不愿意干?)'willing to, wish to, want to'　吴语:高兴(做)

1723　月(一个月/两个月)'month'

1724　月经(及其别称)'menses, menstruation, period'

1725　月亮 ◆★ 'moon'　FY:亮月(子)/月巴巴

1726　月食 'lunar eclipse'　吕四:月亮吞

1727　岳父/丈人 'wife's father'

1728　岳母/丈母娘 'wife's mother'

1729　越……(天越来越冷/越走越远/话越说越多)'the more…(the more…)'

1730　云(云彩)'cloud'

1731　耘(田)'weed(the fields)'

1732　晕(晕车/晕船)'get carsick, get seasick'

1733　孕妇'pregnant woman'　FY:大肚子/大肚皮/双身人

1734　熨(衣服)'to iron, press(clothing)'　FY:烫

1735　熨斗 'iron'

Z

1736　再'another time, once more, again(in the future)'(明天再来/请你再说一遍/你先
　　去,我们等一会儿再去)

1737　再会/再见 'good-bye，see you again'

1738　在(在家里/把书放在桌子上/他在吗?) ◆★ 'be in，be at，be on'

1739　凿(凿个眼儿/凿子) 'chisel'

1740　早 'early，early morning'

1741　早稻 'early season rice'

1742　早上/早晨 '(early) morning'　FY:早起/空早头/早晨头

1743　枣儿/枣子 'Chinese date，jujube'

1744　澡盆 'bathtub'

1745　灶 'traditional kitchen stove'

1746　造孽/作孽 'do evil，commit a transgression'　吴语"作孽"常作"可怜"解,要注意区别

1747　贼/小偷 'thief，robber'　FY:贼

1748　怎么(怎么写? /你是怎么来的?) ◆★ 'how，in what way'

　　　怎样/怎么样(人长得怎么样?) 'like what，how is'

1749　曾(姓/曾国藩/曾子)　[*Surname*：Zēng]

1750　曾孙 'great-grandson'

1751　曾祖父 '(paternal) great-grandfather'　FY:太公/太太/老爹爹

1752　曾祖母 '(paternal) great-grandmother'　FY:太太/老太/老奶奶/太婆

1753 渣滓（茶叶渣）'dregs, sediment, residue' 丹阳/崇明/苏州:脚/脚脚

1754 揸（手指的距离）'the distance between one's spread fingers'[ask：which fingers are involved?] 泰州:一巴子/揸子[拇指与食指的距离] 注意:问清是哪两个手指间的距离

1755 扎（用针扎一个小洞）'prick, stick, poke (of a needle or splinter)' FY:戳

1756 铡刀 '(hand-held) hay cutter, straw chopper'

1757 炸（用炸药）'blow up, explode'

1758 蚱蜢（和蝗虫不同）'grasshopper' FY:蚂蚱/角蜢

1759 榨油（榨甘蔗汁）'extract oil, press oil (out of)'

1760 摘（摘一朵花/摘棉花/摘下帽子）◆★ 'pick, pluck, take off' FY:拾/捉（棉花）

1761 择菜 (zháicài) 'trim vegetables for cooking' 苏州:拣菜

1762 窄（地方太窄）◆★ 'narrow' 吴语:狭

1763 粘/黏/贴 ◆★ （1）粘贴（邮票）/贴（条子）/贴（膏药）/（这种糖）粘（牙齿）'paste, glue, stick to',（2）（胶水很）黏'sticky' 吴语:得（音）

1764 占便宜 'gain advantage by unfair means, profit at the expense of others'

1765 站（站起来/站着）◆★▲ 'stand, stand up' FY:立

1766 蘸（蘸酱油/蘸墨水）◆★ 'dip in (ink, sauce, etc.)' FY:端/搽

1767 张（姓，弓长张）◆★ [*Surname*：Zhāng]

1768 张(开)'open, spread, stretch'(张嘴/一张皮/一张桌子)

1769 章(姓,立早章)〔Surname：Zhāng〕

1770 樟脑'camphor'

1771 蟑螂'cockroach, roach' FY:灶鸡子/蟑木虫

1772 长(稻长得很好/长身体)'grow, develop'

1773 涨(水涨了)'rise, go up (of water, prices, etc.)'

1774 丈(长度)'zhāng'〔unit of length：3&1/3 meters〕

1775 丈夫 ◆★'husband' FY:男将

1776 胀(吃得太多,肚子也胀了)'swell, become bloated, expand'

1777 招手'beckon, wave'

1778 着(爸爸已经睡着了/火烧不着)〔Result complement :'burn, afire, fall asleep'〕

1779 着火/失火(火灾)'catch fire'

1780 着急'feel anxious, be worried' FY:着躁/急

1781 着凉'get chilled, catch a cold'

1782 找 ◆★▲ (1)找东西/找人/找着/找不着'look for, seek,try to find', (2)找零钱 'make change, give change'

1783 找茬儿(故意挑毛病)'find fault, pick a quarrel' FY:扳岔头/寻雀丝

1784 赵(姓/赵子龙/赵钱孙李) ◆★▲［*Surname*：Zhào］

1785 笊篱(捞面条和馄饨用)'a broad wire strainer made of bamboo，wicker，or wire and used for cooking'

1786 照（照镜子)'reflect，mirror，shine in'

（介词：照你说的做)［*Preposition*：'according to，in accordance with'］

1787 照片/相片'photograph'

1788 照相/拍照(动词)'take a photograph'

1789 罩(罩在棉衣外面/把鸡罩起来)'to cover (as with a hood or basket)，to enclose (as with a lampshade or hood)'

1790 折(折断树枝) ◆★'bend，twist，break，snap' FY：搣(断)/拗

1791 摺(叠被子/摺衣服/摺纸) ◆★'to fold' 吴语:要(阴上)

1792 褶子'pleat，crease，fold，wrinkle' FY:皱裥

1793 这(近指)'this' 注意:(1)有无"这""那"以外的第3种指示词,(2)后面是否一定要量词。参见"那"

1794 这个(这只鸡好吃/这个人不好) ◆★'this'［*Demonstrative* used with measure words］

1795 这么/那么(用不着那么多,只要这么多)'as［*adjective*］as this/that，so，such，like this/that'

1796 这里/这儿 ★'here'

1797 着(助词:站着吃西瓜)★ [*Aspect marker*:continuous state or background action]

1798 针(缝衣针)◆★ 'needle'　FY:引线　丹阳:延线

1799 砧板 'chopping block，cutting board'　FY:案板 /切板/刀板/砧墩(板)

1800 枕头 'pillow'

1801 阵(一阵雨/一阵风) [*Measure*:'period，spell，burst']

1802 正月(农历一月) 'first month of the lunar year'

1803 争(别跟他争) 'contend，argue，vie，dispute'　注意:有无读去声的

1804 睁眼睛(把眼睛张开) 'open the eyes'

1805 蒸(蒸包子/蒸鱼/蒸饭) 'to cook or warm by steaming'　泰州:火/何[阴平]

1806 蒸笼 'food steamer'

1807 整个(整块/整天/整个月) 'whole，entire'

1808 整齐 'tidy，neat，in good order'

1809 整理 'put in order，arrange，straighten up，tidy up'　金沙:顺　苏州:聚[zi](阳去)

1810 正(不歪) 'straight，upright (not crooked)'

1811 正在(他来的时候我在睡觉/外面在下雪)◆★ 'in the process of，in the middle of (dong something)' [*Progressive aspect*]

1812 郑(姓/郑成功) [*Surname*:Zhèng]

1813　芝麻'sesame, sesame seed'

1814　知道(晓得)◆★'know，realize，be aware of'

1815　只(量词)(一只船/一只鸡)◆★〔*Measure* for boats，chickens，etc.〕

1816　织(织布/蜘蛛织网)'to weave，knit'

　　　　打毛衣'to knit a sweater'

1817　蜘蛛　◆★'spider'　FY:蛛蛛/结蛛　吕四:喜喜[小]/织蛛

1818　蜘蛛网'spider web'　吕四:罗罗网

1819　侄儿'brother's son'　FY:阿侄

1820　侄女'brother's daughter'　FY:侄女儿/侄囡五

1821　直/笔直(线画的很直)'straight'

1822　值(这些房子值多少钱)'be worth，valued at'

1823　值得(5块钱买这么多东西,值得)'worth it (the price，effort，etc)'

1824　只(副词)/只有(只有三个人)◆★'only，merely'

1825　纸(一张)'paper'

1826　纸煤儿(点水烟用的纸卷)'a rolled bit of paper used to light a pipe'

1827　指(动词)'point to，point at'

1828　指甲　◆★'fingernail，toenail'　FY:手指盖　金沙:折掐　溧水:指掐子

1829　指头/手指　◆★'finger'　吴语:节头

　　　　大拇指'thumb'　FY:老拇折头

　　　　中指'middle finger'　　　小指'little finger'

1830　指纹(注意指纹的类别:脶/簸箕)　◆★'loops and whorls on a finger，fingerprint，creases at the finger joints'　FY:脶纹

1831　痣(皮肤上先天的斑痕,有的突起,黑色的多)'mole，birthmark'

1832　中间/半当中/当中'middle，center，between，among'

1833　中秋节'the Mid-Autumn Festival'

1834　中午　◆★'noon，midday'　FY:中昼/中上　吕四:昼里

1835　钟(挂钟)'clock'

1836　终于(等了半天,他终于来了)'finally，at (long) last，in the end'

1837　种子/籽(播种子/西瓜籽)'seeds，seed (for planting)'

1838　肿'to swell (on or in　the body)'　吕四:xei 吼[平声]

1839　肿块'swollen spot，swelling'　吕四:雷块

1840　中风'apoplexy，have a stroke'

1841　中暑(痧)'suffer heatstroke'

1842　种（种地/种菜/种水稻/种豆子/栽树）'plant, cultivate, grow'

1843　重（箱子很重）◆★ 'heavy, weighty'

1844　粥/稀饭 ◆★ 'rice gruel, congee'

1845　妯娌 'wives of brothers'　FY:妯伦/伯姆淘里

1846　肘(胳膊肘) 'elbow'　金沙:胳膊拐子

1847　皱 'to wrinkle, crease'（皱眉头/衣服皱了）

1848　朱（姓:朱熹/朱德）［*Surname*:Zhū]

1849　猪（猪肉/猪圈）◆★ 'pig, pork'

1850　猪肘子 'pork hock, pork shank'　苏州:蹄胖　泰兴:肘挑

1851　猪血（做食品时怎么说）'pig's blood, pork blood'

1852　竹竿 'bamboo pole'

1853　竹子 'bamboo'

1854　主人（作主）'host, hostess, master, owner'

1855　煮（煮汤/煮饭）'boil, cook'

　　　熬粥 'slowly boil congee'

　　　炖肉 'stew meat'

1856　嘱咐/叮嘱 'enjoin, exhort, tell'

1857　住(你住在哪里？/住旅馆)'to live, stay, reside'

1858　柱子(房子的柱子)'post, pillar, column'　苏州:庭柱　崇明:柱头　丹阳:柱棵

1859　柱础(柱子下面的石块,大多是圆的)'plinth, stone slab at the base of a pillar'　吕四:礎棵　崇明:柱礎石

1860　抓(抓一把/抓住)'grab, seize, clutch'

1861　抓痒/挠 ◆'scratch an itch'

1862　爪(老鹰的爪/鸡爪子/鸭蹼)'claw, talon'

1863　砖'brick'

1864　转(转身/把茶壶转过来/右转/左转/陀螺旋转)'to turn'

　　　转弯/拐弯'turn a corner'

1865　赚(钱)/挣 ◆★'earn money, make a profit'　FY:苦(北部方言)　吕四:寻钱　注意:挣工钱和行商赚钱说法有无不同?

1866　桩(打桩)'stake, pile'

1867　装(1)(装锄头柄)'install, fit on, assemble',(2)(装在箱子里)'to pack, load'

1868　撞(撞在柱子上)'bump against, collide with'

1869　追 ◆'chase after, pursue'

1870　锥子'awl'　FY:滋钻/注钻

1871 捉（捉贼/捉老鼠）'catch, cature'

1872 捉迷藏 'play hide-and-seek' FY:躲猫猫/躲蒙蒙/躲躲寻

1873 捉弄 'tease, make fun of' 苏州/吕四:弄忩

1874 桌子（一张）◆★▲ 'table' FY:台子

1875 啄（鸡啄米）◆★ 'peck'

1876 字（各种偏旁/笔画）'(Chinese) character'

1877 自己（自己的事要自己做）◆★ 'oneself'

1878 自行车 'bicycle' FY:脚踏车/钢丝车 注意苏北载客的"二等车"

1879 棕绷（床垫）'woven coir bed mattress' FY:棕垫/绷子

1880 粽子 'zongzi, sticky (glutinous) rice in bamboo leaf'

1881 走（走路/步行/走一趟）★▲ 'to walk'

1882 租（房子）'to rent' FY:赁/认（"赁"的别音）

1883 祖父/爷爷 ◆★ '(paternal) grandfather' （口语形式/面称和背称） FY:爹爹/老
爹/公公/爷爷

1884 祖母/奶奶 ◆★ '(paternal) grandmother'（口语形式/面称和背称） FY:奶奶/婆婆/
娘娘/亲娘

1885 钻（钻进去/钻一个洞）◆ 'bore into, go through, slip in, drill' 金沙:居

1886 嘴/嘴巴 ◆★▲ 'mouth'

1887　嘴唇 'lips'

1888　最（这个是最好的/最不高兴的）◆★ 'most'（能不能说"最最"）

1889　罪（偷东西是有罪的）'crime, transgression'

1890　醉（多喝酒要醉）◆★ 'drunk, intoxicated'

1891　昨天 ◆★ 'yesterday'　FY:昨个/昨日/昨朝

1892　左/左边 'left, left side'

1893　左撇子 'left-handed person, lefty'　FY:济撇子/济别佬

1894　左手 ◆★ 'left hand'　FY:反手/济手

1895　作料（做菜用的调料）'seasoning, ingredients'

1896　作声/吭声（问了半天,他就是不吭声）'utter a sound or word'　吴语:响

1897　坐（坐在地上/坐船去）◆★▲ 'sit, sit down, travel by (bus, train, etc.)'

1898　坐月子 'confinement for the first month after childbirth, lying-in'　吴语:做舍姆

1899　座（一座房子/一座桥）[*Measure* for buildings, houses, bridges, etc.]

1900　做（做一只风筝/做生意/做工/做什么？/做梦）'make, do, have (a dream)'

汉语方言词汇调查简表

A

1　矮（个子矮/树长得很矮）

2　艾草

3　岸（河岸）▲　FY：涯

4　暗（屋子里很暗）

5　肮脏　FY：龌龊/邋遢　金沙：赖打

B

6　疤（脸上有一块疤）　姜堰：疤儿　海门：疤板

7　把（把门关上/把桌子搬过来/把衣服洗干净）

8　白天　FY：日里　如皋：日的

9　绊（被石头绊了一个跟头）

10　傍晚　FY：下晚点/夜快/齐夜

11　薄（薄的纸）　FY：枵

12　饱（吃得很饱）

13　抱（抱小孩/抱一捆稻草）　FY：揢

14　被(茶杯被打破了/我被他吓了一跳)

15　被子　FY:被单

16　鼻涕　FY:鼻子

17　比　(1)他比我高/这个比那个好

　　　　(2)比长短　吴语:厌

18　柄(刀柄)　(和"把儿"的区别)

19　病(他病了好几天了/生病)▲

20　伯父/伯伯　吕四:大大［白读］

21　伯母/大娘　吕四:妈妈

22　脖子　泰州:颈项　靖江:颈脖子　吴语:头颈

23　布(做衣服的布)

24　不(他不来/不去)

25　不要▲(别):不要动

C

26　擦(擦桌子/擦玻璃)　FY:揩/捼　吕四:"仓"去声

27　才(他来了,我才可以走/他才来了三天)

28　踩（[把虫子]踩死／踩了一脚泥）

29　菜▲(1)种在地里的蔬菜,(2)菜肴

30　菜刀　FY:薄刀

31　蔡(姓)▲

32　蚕　FY:蚕宝宝／宝贝

33　藏　(1)躲藏

　　　　　　(2)把钱藏起来　FY:囥

34　层(一层泥／一层楼)

35　插秧　FY:莳秧／栽秧

36　茶(水中有无茶叶)▲

37　掺(掺水／兑水)(液体和固体有无不同)　FY:和水／镶水

38　长(长短／辫子很长／日子长)▲

39　尝(尝滋味)

40　吵架　FY:吵相骂

41　车／车子▲

42　沉淀(让水缸里的水澄清)　FY:钉(阴去)／澄

43　陈(姓)

44 称(用秤称)

45 乘凉　FY:吹风凉/乘风凉

46 盛饭/添饭　FY:装饭/舀饭

47 秤

秤足(指用杆秤称时,分量足,秤尾上翘)

秤不足(指分量不足,秤尾往下掉)

不足:泰州:痞　金沙:皮/坦

48 吃饭(一天各餐的名称和习惯)

早饭

午饭

晚饭

49 稠(粥很稠)

50 出嫁(嫁出去)　FY:出门

51 锄(锄草)　FY:薅草/脱草/削草

52 穿衣服

53 船(一条船)

54 床(一张床/一床被子)

55 春天

    夏天 FY:热天

    秋天

    冬天 FY:寒天/冷天

56 从(从哪里来/从这扇门出去) 金沙:走(他走南通来)

57 粗(胳膊粗/粗沙) 金沙:树长得犁

58 村子 FY:庄/庄子

D

59 打嗝儿

    饱嗝儿 吕四:gɛ(阳上) 如皋:慨饱

    冷嗝 FY:打嗝得/打冷精/打冷噎

60 打架 FY:打仗/打相打

61 打瞌睡/打盹 FY:打瞌铳/铳盹/瞌困 溧水:铳盹

62 打雷/雷 FY:雷响/响雷 吕四:响阵头

63 大(桌子很大/声音大)▲

64 大家

65　带(带孩子去)▲

66　带子

67　袋子(米袋子)▲

68　戴(戴帽子/戴眼镜)▲

69　单身汉(能否用于女性)　FY:光棍/光光堂

70　淡(味儿淡/颜色淡)

71　蛋(鸡蛋/蛋白/蛋黄)　吕四"黄"阴平　旺鸡蛋[喜蛋]

72　倒(倒茶/斟[酒]/倒垃圾)　FY:酾(酒/茶)

73　稻子▲

74　的

　　(1)我的妹妹/伯伯的房子/妈妈的鞋▲

　　(2)绿的树叶/好看的衣服

　　(3)做衣服的料子/卖菜的(人)/嫁出去的女儿/他说的话

75　的(地)

　　好好儿地走,别跑!

76　得

(1)打得过他,打不过他/吃不下/吃不消　（注意补语和宾语的位置）

(2)跑得很快/说得很好/雨下得不小

77　低（房子很低/声音低）

78　地方　金沙:落场　苏州:场化

79　弟弟（面称和背称）

80　点（点灯/点一根香）　FY:上灯　比较"点头"

81　掉(1)（掉在水里/掉头发/掉了钱包）　FY:落

　　　(2)[动词后加成份]（坏掉了/跑掉了/拿掉）　FY:脱

82　丢（不小心丢了/把它丢掉）　FY:笃

83　东/东边/东方▲

　　南/南边

　　西/西边

　　北/北边

84　东西（用的东西）▲　吴语:物事

85　懂（外国话我不懂）▲

86　动（动啊动的/站着不动）▲

87　冻（天这么冷,冻死了/肉冻/鱼冻/冻疮）▲

88　洞(一个洞/山洞)▲　注意大小的区别

89　都(他们都来了)　金沙:灿(瓶里灿是水)　泰兴:总

90　陡(楼梯很陡)　苏州:绽

91　端(端凳子)▲　FY:掇

92　短(带子短/时间太短)

93　断(竹竿断了)

94　蹲　FY:存("蹲"的古音)　吴语:部

95　多(很多/好得多)

96　剁(剁肉/剁菜)　FY:斩(阴平)

E

97　恶心(有点想吐)　FY:反

98　儿子(排行:大儿子/小儿子)▲

99　耳朵▲

F

100　发烧　FY:发热/发寒热

101　翻(把衣服翻过来/翻开书)　FY:枭

102 范(姓)

103 房间(单间的)

104 肥皂 FY:洋碱/皮皂

105 痱子▲ 吕四:热疮 丹阳:热疥 如皋:批子(即"痱子"的读音,和吴语同)

106 缝(一条缝/裂缝) 金沙:坼

107 孵(孵小鸡)▲ FY:抱/焐/部

108 浮(浮在水面上) 吕四:氽

109 父亲/爸爸(面称和背称) FY:伯伯/大大/爹爹

G

110 干(天气干/井干了/笋干)

111 干净(洗干净)

112 泔水 FY:恶水/泔脚/脚水/淘米水

113 刚才(刚才来的人是谁?) FY:将才/才将/才间

114 高(个子高/房子高)

115 哥哥(面称和背称) FY:大大/阿哥

116 割(割稻子/割麦)▲ FY:斫/樵/收(麦) 吕四:曹(麦)

117 个(一个人/个个都是好的)

118　硌(被小石子硌着脚了)　FY:杠

119　给　(给我一支笔)

　　　　　(送给他一百块钱)

　　　　　(给他看病)

120　公公(丈夫的父亲)　FY:公老爹/阿公

121　狗

122　乖(这个孩子不乖)

123　关(关门/关窗)

124　官(当官)

125　鬼(怕鬼)

126　贵(价钱很贵)

127　跪(跪在地上)▲

128　锅▲　FY:镬子

129　锅盖　FY:镬盖　吕四:釜冠　金沙:板敢(木盖)

130　过(他去过上海,我没去过)

　　　　　(他和叔叔讲过了)

H

131   孩子(是否单指男孩) 金沙:伢儿

男孩 吕四:猴[又指儿子]

女孩 吕四:丫头[又指女儿]

132   喊(喊他来/大声喊) 注意声调,用不用"叫"

133   汗(出汗)

134   好(做得好)

135   和(父母和子女/我和他谈了)▲

136   河(一条河)

137   很(很好/很大/吃得很饱很饱[表很高的程度]) FY:饱透/饱完/饱饱饱/嫌饱

138   横(横放)

139   虹▲ FY:绛(音杠)/鲎

140   猴子 FY:活狲

141   后边/后面

142   后年 FY:后年子

143   后天 FY:后个/后朝

144 厚(冰很厚)▲ （注意读音）

145 胡子(名称和部位有无关系) 吴语:牙须/胡苏

146 湖(和"河"是否同音)▲

147 花▲

148 话(一句话) 吴语:闲话

149 坏(这个人很坏/椅子坏了)▲ 高淳:哈

150 换 (1)用鸡蛋换盐

         (2)换衣服

151 环(铁环)

152 灰尘/尘土 FY:蓬尘/蓬灰

153 回家 FY:家去/家来/转去/转来/归去

154 活儿(干活儿) 金沙:(做)生活

J

155 鸡

     公鸡

     母鸡

156 痂 FY:疤/盖(子)/靥盖

157 夹(1)夹在书里/手里夹着一支烟

(2)夹在腋下 吕四:瓣

158 夹菜 FY:搛/刀

159 肩膀

160 江(长江/江阴)

161 姜(一块姜/姓)

162 教(教你做)

163 脚(两只脚) (注意与腿的分别,能否说"脚很长")

164 街(一条街/上街)

165 结实(椅子做得很结实) FY:牢

166 姐姐(面称和背称)

167 今年 FY:今年子/根年

168 今天 FY:今个/根个/今朝/根朝

169 近(到那里很近)

170 酒▲

171 旧(房子旧了/旧机器)

172　舅舅　FY:娘舅

173　舅母　FY:舅姆

K

174　看/看见

(1)看得见/看不见

(2)表尝试:做做看

有无"看看看"

175　扛(用肩扛,和"抬"的区别)　吴语音"刚"

176　靠(靠在墙上/靠着椅背)　吕四/金沙:戤

177　啃(啃骨头)

178　口水(和唾沫有什么不同)　FY:馋/涎/馋唾

179　哭(这个孩子爱哭)

180　快(动作快)▲

(1)病快好了　FY:燥[先到切]　吴语:好快了

(2)刀很快

181　筷笼　吕四:筷箸笼　泰州:箸筒儿

182　筷子

183　宽(路不宽)　吴语:阔

L

184　垃圾　FY:龌说/勒色(按:即"垃圾")/邋刹

185　辣椒　FY:大椒/胡椒/辣茄　吕四:班椒

186　来不及

　　　来得及

　　　(注意补语的形式)

187　篮子(菜篮子)　FY:落子/篮

188　捞(捞鱼/捞面条)　FY:撩

189　老鼠　FY:老虫

190　了(信已经写了)

　　　(洗了澡再去)

　　　(他吃了饭了)

　　　(你吃了没有呢?)

191　冷(天气冷/冷饭)

192　里/里边(井里/房子里)　吴语:里向

193　脸▲　FY:面孔

194　凉(天气凉/茶凉)

195　凉快　FY:风凉

196　两(1)两个人/两斤肉

　　　　(2)一两米

197　晾(晾衣服)　FY:浪

198　淋雨　FY:遭雨/沰雨

199　刘(姓)

200　路(一条路/走了三百里路)

201　萝卜

M

202　马(动物/姓)

203　蚂蚁　FY:蚂米

204　吗(语气助词)　FY:可/阿(问词)

　　　(这是你的吗?)

　　　(你想看电影吗?)

　　　(他去上海了吗?)

205 买(买米[籴]) (买酒/买油) (买中药) FY:拷/打

206 麦子

207 卖(卖稻谷/粜)

208 慢(做事慢/你慢慢走!)

209 忙(这几天很忙)

210 猫

211 没有

(1)动词:没有钱/没有车票/这个没有那个好▲ FY:没得/不得/呒不/无则

(2)副词:他还没有结婚/你到过北京没有▲ FY:可曾/不曾 金沙:绊咸

212 妹妹(面称和背称) FY:妹子

213 门坎 FY:门欠子/午槛/步槛/户槛

214 梦(做梦/讲梦话)

215 米(粳米/籼米/晚米)

216 密(草长得密) FY:猛(阳上)

217 面粉 FY:干面 溧水:灰面屑

218 面条

219   明年   FY:明年子/开年/门年

220   明天   FY:明个/门个/明朝/门朝

221   母亲/妈妈(面称和背称)   FY:娘

222   木刺(戳进皮肤里的竹木刺)   吴语:帐

N

223   拿(把书拿给我/拿笔写字/拿去)

224   哪个(你喜欢哪朵花？/哪个是你的?)

225   哪里

226   那个(那条河很深/那个人我不喜欢)

227   男人▲

228   难看/丑

229   脑子   FY:头脑子

230   能干(那个人很能干)   吕四/金沙:茄

231   泥/泥土   FY:烂泥

232   你/你的   (有无类似"您"的说法)

233   你们/你们的

234   鸟   FY:雀子/雀儿/将(即"雀儿")

235 尿（撒尿/尿床）

236 拧干（毛巾） FY:整/挤/绞

237 牛（水牛/黄牛）

238 女儿（排行:大女儿/小女儿）

239 女人▲

240 女婿

O

241 藕

P

242 爬（爬行/爬起来/爬树）

243 拍（拍桌子/拍手）

244 螃蟹

245 胖

246 跑（跑得很快）▲ （和"走"比较） FY:奔

247 碰（碰破窗玻璃/碰见）

248 便宜 苏州:强

249 泼水 泰州:斧/虎 海门:滑水 南通:挖水 苏州:㧟

250 婆婆(丈夫的母亲) FY:婆老太/阿婆/婆奶奶

251 破(破布/衣服破了)

Q

252 妻子/老婆 吕四:婆娘 金沙:奶奶

253 铅笔

254 前边/前面

255 钱(用钱/一块钱) 吴语:铜钿/一块洋钿

256 浅(水很浅/颜色浅)

257 敲门 苏州:碰门

258 茄子 FY:落苏

259 轻(木头比铁轻)

260 蚯蚓 FY:蛐蟮/寒宪/地龙/和蟮/河宪

261 娶(娶媳妇/娶老婆) 溧水:抬媳妇

262 去(进去/出去/你到哪儿去?我上街去。)▲ 注意发音

263 去年 FY:去年(子)/旧年(头)

R

264　染（染色）

265　让（让他一点儿/不要让他来）

266　热（热水/天气很热）▲

267　人（几个人）▲

268　认识（那个人我认识）　不认识　FY：认不得

269　日子　FY：日脚

　　　（1）好些日子

　　　（2）过日子

270　溶化（化雪/冰化了）　FY：烊

271　揉（1）揉腿/揉眼睛　泰州：挪/罗［阳平，抚摩］

　　　　（2）揉面

272　肉（肉末/肉丝）▲

273　软（这块绸子很软）▲

S

274　撒（撒种/在菜里撒盐）

275 塞子(瓶塞子) FY:足子/真/塞头

276 嫂子/嫂嫂

277 涩(生柿子很涩)

278 傻(胡涂不懂事) 吴语:戆

      傻子 吴语:戆大

279 筛子

280 晒(把谷晒干/冬天晒太阳取暖)

281 山(一座山)

282 扇扇子

283 闪电/打闪 金沙:豁闪 溧水:擦霍

284 上/上面(方位) (地板上/桌子的上面)

285 上午 FY:上半日 吕四:上昼

286 少(饭太少了)

287 舌头 溧水:舌舔

      猪舌头:口条

288 蛇 FY:长虫

289 深(颜色深/沟很深)

290 什么(这是什么?) FY:啥

291 婶婶

292 生(1)生孩子

   (2)肉是生的

293 剩(剩一碗饭/剩下来的都是你的) FY:听(阴去)

294 施肥 丹阳:垩壮

295 湿(潮湿/精湿/潮湿得难受)

296 时候/时间 金沙:辰光

297 屎(拉屎)

298 事情 吴语:事体

299 是(这是谁的? 不是我的/是不是他的?)

300 收拾/拾掇(收拾房间) 吕四:收作

301 手 吕四:鸦手[手不灵便]

302 瘦(人很瘦/瘦肉/精瘦)

303 叔叔(父亲的弟弟) 溧水:挖挖/歪歪

304 舒服 FY:写意/舒坦 吕四:适意/好过

不舒服

305　熟(水果熟透了/饭熟了)

306　竖(1)竖的线

　　　(2)把棍子竖起来

307　数/数目

一　　　　　二　　　　　三　　　　　四　　　　　五

六　　　　　七　　　　　八　　　　　九▲　　　　十

注意:有无"廿";210方言怎么说

308　谁

309　水(一盆水)

310　水煮/清水煮　吴语:煠[zaʔ]

311　睡觉(睡不着/睡过头)▲　注意"觉"(jiào)(睡一觉)　FY:困觉

312　死(1)他去年死了

　　　(2)作补语:吓死/打死/杀死/屋子里热死了

313　酸(醋太酸)

314　岁(几岁/他今年大概有三十来岁吧。)

T

315 他（她/它）▲

他的

316 他们（她们/它们）

他们的

317 太（太小了） 吴语:忒

318 太阳 FY:日头

319 提（提水/提篮子） FY:拎

320 挑（挑水/挑个好的）

321 调羹 FY:汤勺/抄

322 调皮 FY:皮/厌

323 桶（水桶/吊桶）

324 头/脑袋

325 头发旋儿

326 吐（吐口水/吐痰） 比较:呕吐

327 腿（大腿/小腿/鸡腿） 苏州:膀 pang(阴上)

328　脱　泰州:唾/兔(去声)

(1)脱衣服

(2)脱皮/脱毛

W

329　瓦/瓦片(在屋上盖瓦)▲

330　袜子▲

331　歪(照片挂歪了/歪着头)

332　外边/外面▲

333　外甥

外甥女

(注意和外孙有无区别)

334　外孙

外孙女

335　外祖父/外公(面称和背称)　FY:公公/婆爹爹/舅公

336　外祖母/外婆(面称和背称)　FY:婆婆/婆奶奶/舅婆　吕四:奶奶

337　玩儿(去玩儿)(注意重叠形式)▲　FY:白相/耍子　吕四:戏嬉

338　晚(已经很晚了/晚了半天/来迟了)▲　吴语:晏

339　晚上　FY:夜来/夜里

340　王(姓)

341　旺(火很旺)

342　围裙　FY:于身(头)/饭单

343　尾巴▲

344　喂(喂小孩吃饭/喂猪)

345　味道▲　金沙:味水

346　温水　FY:温吞水/沃度水

347　蚊子▲

348　翁(姓)

349　窝(鸡窝/蜂窝/狗窝)　FY:窠

350　我

　　　我的

351　我们

　　　我们的

　　　(有无"咱们")

352 污垢(身上的污垢/茶垢)　吕四:肯(阴去)

X

353 稀

　　(1)苗很稀　吕四:朗[阴上]

　　(2)粥稀

354 膝盖　FY:膝盖头/波罗盖/膝头盘/膝馒头/脚馒头

355 席子(草席)　FY:棉席/白席/暖席

356 媳妇/儿媳妇　金沙:新妇

357 洗(洗衣服/洗菜)　FY:汰/净

358 洗脸　FY:揩面/蒲面

359 洗澡　FY:汰浴/洗浴

360 喜欢(爱孩子/爱玩儿)　FY:欢喜

361 细(铅丝细/细沙)

362 虾▲

363 下边/下面

364 下午　吕四:下昼

365 下雨　FY:落雨

366　闲谈/聊天　金沙:谈闲　溧水:嚼空　泰兴:讲经

367　咸(菜极咸/咸鱼)▲

368　衔(燕子衔泥)

369　现在　泰兴:格间个/格修个　苏州:姑歇/个歇

370　馅儿(饺子馅)　FY:心/馅心/包馅/酿

371　像(这孩子很像他妈妈)

372　削(削皮)　金沙:桨

373　小(地方不小/年龄小)

374　笑(一说话就笑)

375　斜(斜对面)　吕四:tɕʰia[阴去]

376　写(写字/写信)

377　谢(1)谢谢,不用谢

　　　(2)姓

378　新(新汽车/新办法)

379　徐(姓)

380　许(姓)

381 靴子

382 学(学骑自行车)

383 血(出血了)

Y

384 阉/阉割(猪/鸡/牛) FY：劁/割/镦 动物不同,说法有不同吗?

385 盐

386 严(姓)

387 颜色

红   黄   蓝   白

黑   绿   紫

388 眼睛(眨眼/瞪眼)

389 痒(蚊子叮得很痒/挠痒)

390 药

391 要(1)要读书

    (2)跟父母要钱

392 一点儿(吃了一点儿/一点儿也不贵) FY：一点点/一滴滴/一咪咪

393 一起(咱们一起去吧)

394　一下（"等一下"和"等一等"是否都可以用）

395　溢出来（充满而流出来）　泰州:坡/铺［阴平］（即"潽"pū）

396　婴儿　FY:毛伢子/奶伢儿/小毛头

397　硬（饼很硬）

398　硬给　FY:捼

399　油炸　FY:汆

400　有（我有两个孩子）　（山上有树）

401　右手　FY:正手/顺手

402　鱼▲　杀鱼　FY:劏鱼（劏,音 chī ,即"治"［阳平］）

403　鱼刺▲　FY:鱼卡/鱼骨头/鱼芒

404　鱼鳞▲

405　玉（一块玉）

406　玉米　FY:番麦　宝应:棒头　金坛:珍珠秫

407　远（路远/差得远）

408　月亮　FY:亮月（子）/月巴巴

Z

409　在（在家里）

（把书放在桌子上）

（他在吗？）

410　怎么（怎么写？/你是怎么来的？）

411　摘（摘一朵花/摘下帽子）

412　窄（地方太窄）　吴语:狭

413　粘/黏（粘贴邮票）

　　　这种糖粘牙齿

　　　胶水很黏

414　站（站起来/站着）▲　FY:立

415　蘸（蘸酱油/蘸墨水）　FY:端/揀

416　张（姓）（弓长张）

417　丈夫　FY:男将

418　找▲(1)找（东西）/找（人）/找着/找不着

　　　　　(2)找零钱

419　赵▲（姓）（赵子龙/赵钱孙李）

420　折（折断一根树枝）　FY:撅（断）/拗

421　摺（摺衣服/摺纸）

422　这个（这只鸡好吃/这个人不好）　注意:有无"这"和"那"以外的第三种指示词

423　这里/这儿

424　着（坐着吃/墙上挂着一张照片）

425　针（缝衣针）　FY:引线　丹阳:延线

426　正在（他来的时候我正在睡觉/外面在下雪）

427　知道　FY:晓得

　　　不知道

428　只（量词）（一只船/一只鸡）

429　蜘蛛　FY:蛛蛛/结蛛　吕四:喜喜[小]/织蛛

430　只（副词）（只有三个人）

431　指甲　FY:手指盖　金沙:折掐　溧水:指掐子

432　指头/手指

433　指纹　FY:腡纹　注意指纹的类别:箩/簸箕

434　中午　FY:中昼/中上　吕四:昼里

435　重（箱子很重）

436　粥/稀饭

437   猪(猪肉/猪圈)

438   赚(钱)   吕四:寻钱

439   桌子▲   FY:台子

440   啄(鸡啄米)

441   自己(事情都要自己做)

442   走(小孩会走了/跑比走快)▲

443   祖父/爷爷(面称和背称)   FY:爹爹/老爹/公公/爷爷

444   祖母/奶奶(面称和背称)   FY:奶奶/婆婆/娘娘/亲娘/

445   嘴/嘴巴▲

446   最(这个是最好的/最不高兴的事)   FY:顶   (能不能说"最最")

447   醉(酒喝得太多,他醉了)

448   昨天   FY:昨个/昨日/昨朝

449   左手   FY:反手/济手

450   坐(坐在地上/坐船去)▲

汉语方言词汇调查短表

1　岸（河岸/岸边）

2　病：他病了两天

3　不：我不去（注意"去"的语音形式）

4　不要（别）：不要动（注意"动"的语音形式）

5　菜

6　蔡（姓蔡）

7　茶（吃茶？ 喝茶？）

8　长：长短

9　车/车子

10　大

11　戴（戴帽子）& 带（注意"戴"，"带"是否同音）

12　袋子（米袋子）

13　的：妈妈的鞋

14　比较声调：东东方、懂懂不懂、冻冻疮、铜铜器、动动弹、洞山洞

15　东西(指物)

16　端(端凳子)　FY:掇

17　儿子

18　耳朵

19　痱子　吕四:热疮　丹阳:热疥　如皋:批子

20　孵(孵小鸡)　FY:抱/焐

21　割:割稻子　FY:斫/樵/收(麦)　吕四:曹(麦)

22　跪

23　锅　FY:镬子

24　河 & 湖(是否同音)

25　和(连词:电视机和桌子都买)

26　虹(注意发音)　FY:鲎/绛(音杠)

27　厚(注意发音)

28　花

29　环(铁环)

30　九

31　酒(吃酒? 喝酒?)

32   快

33   脸/面孔

34   没有(动词:没有车票) FY:没得

35   [还]没有(副词:还没有吃饭) FY:不曾/勿曾

36   男人/女人

37   热

38   人

39   肉

40   软

41   睡觉

42   他

43   瓦/瓦片

44   袜子

45   外头/外面

46   玩儿 FY:耍子/嬉/戏/戏嬉

47   晚(已经很晚了/晚了半天) FY:晏

48　味道　金沙:味水

49　尾巴

50　蚊子

51　虾　FY:虾子

52　咸(咸淡)

53　鱼　&　鱼鳞　&　鱼刺　(FY:鱼骨头/鱼芒)

54　站(站起来)　FY:立

55　找(寻找/找零钱)

56　赵(姓赵)

57　桌子　FY:台子

58　走&跑　　(步行和奔跑)　FY:跑/溜/奔

59　嘴

60　坐(坐在地上/坐船去)

连读变调调查表

11	医生	飞机	乌龟	声音	新鲜
12	今年	清茶	天桥	昆明	安排
13	山顶	甘草	东海	风水	辛苦
14	清淡	风雨	轻重	兄弟	安静
15	花布	青菜	天气	相信	霜降
16	山洞	军队	医院	新旧	生病
17	山谷	生铁	猪血	推托	开辟
18	山药	阴历	亲热	生活	家属
21	梅花	床单	良心	平安	成功
22	羊毛	前门	长城	池塘	团圆
23	红枣	鞋底	牙齿	长短	锣鼓
24	男女	模范	杨柳	传染	长远
25	粮店	棉裤	咸菜	迷信	奇怪
26	年画	长寿	黄豆	南面	承认

27	毛笔	常识	颜色	潮湿	团结
28	阳历	邮局	牛肉	民族	明白
31	酒杯	水车	手巾	普通	好心
32	火炉	感情	好人	九年	倒霉
33	火把	火腿	水果	保守	检讨
34	海马	小道	小雨	改造	讲演
35	小气	考试	好意	讲究	统计
36	草帽	苦命	体面	姐妹	保护
37	宝塔	孔雀	表叔	小雪	紧急
38	酒席	死活	好药	普及	坦白
41	雨衣	米缸	是非	冷清	重心
42	后门	户头	野蛮	老成	眼红
43	冷水	美好	重点	允许	动手
44	动武	厚道	父母	妇女	犯罪
45	野菜	武器	冷笑	罪过	重要

46	冷汗	理论	像话	忍耐	社会
47	道德	眼色	美国	动作	犯法
48	马肉	动物	五月	厚薄	耳目
51	菜单	汽车	酱瓜	化妆	斗争
52	菜园	戏台	报酬	太平	化肥
53	跳板	政府	要紧	到底	半碗
54	干部	报社	最近	变动	靠近
55	教训	破布	世界	变化	四寸
56	笑话	半夜	性命	态度	破坏
57	货色	顾客	计策	建筑	半尺
58	汉族	化学	教育	继续	半日
61	漏风	电灯	树根	夏天	预先
62	外行	地球	病人	共同	自然
63	字典	洞口	队长	豆饼	大小
64	大雨	号码	郑重	运动	附近
65	饭店	电线	旧货	代替	夏至

66	梦话	地洞	大树	外貌	事务
67	大雪	外国	利益	地质	事迹
68	闰月	树叶	练习	事业	面熟
71	北方	铁丝	菊花	国家	铁钉
72	竹床	作文	国旗	职员	出门
73	竹板	屋顶	壁虎	结果	铁板
74	竹马	黑市	谷雨	发动	割稻
75	百货	客气	发票	尺寸	折扣
76	失败	一定	铁路	说话	革命
77	铁塔	接触	节约	瞎说	八百
78	竹叶	角落	黑白	恶毒	作孽
81	石灰	蜜蜂	药渣	滑稽	木瓜
82	白糖	绿茶	热情	食堂	石头
83	局长	墨水	月饼	历史	拔草
84	物理	白米	活动	杂技	六倍

85	白菜	肉片	学费	日记	绿化
86	绿豆	日夜	热闹	木料	立夏
87	蜡烛	墨汁	绿色	木刻	及格
88	绿叶	六十	毒药	毒辣	特别

附录一　主要参考文献

Branner，David　Prager：之反的手册(手稿)

Norman，Jerry：汉语方言调查手册(手稿)

鲍明炜主编：江淮方言基本词汇调查表,南京大学中文系方言研究室,1988

北京大学中文系语言教研室:汉语方言词汇(第二版),语文出版社,1995

北京社会科学院语言研究所:方言调查字表(修订版),商务印书馆,1999

北京外国语学院英语系:汉英词典,商务印书馆,1979；修订版,外语教学与研究出版社,1997

北京语言大学语言研究所:汉语方言地图集调查手册,澳门语言学会,2003

陈章太、李行健主编:普通话基础方言基本词汇集,语文出版社,1996

丁声树、李荣:汉语方言调查简表,中国科学院语言研究所出版,1956

季华权主编:江苏方言总汇,中国文联出版公司 ,1998

李荣主编:现代汉语方言大词典(有关分卷),江苏教育出版社,1995—1998

钱乃荣:当代吴语研究,上海教育出版社,1992

赵元任:现代吴语的研究,清华研究院,1928

中国社会科学院语言研究所方言组:方言调查词汇表,《方言》杂志 1981 年第 3 期

附录二　调查地点目录

地点(县市/乡/村)	表	地点(县市/乡/村)	表
1　丹徒宝堰大陆	短	27　丹徒黄墟河达	短
2　丹徒宝堰大山	简	28　丹徒黄墟黄墟	短
3　丹徒宝堰邓巷	短	29　丹徒黄墟山北	短
4　丹徒宝堰刘庄	短	30　丹徒黄墟小新	短
5　丹徒宝堰鲁溪	短	31　丹徒黄墟星棋	短
6　丹徒宝堰禄食	短	32　丹徒黄墟星棋2组	短
7　丹徒宝堰王巷	简	33　丹徒黄墟庄头	短
8　丹徒宝堰堰东	简	34　丹徒荣炳戴甲	短
9　丹徒宝堰堰东	短	35　丹徒荣炳凡石桥	短
10　丹徒丁岗丁岗	短	36　丹徒荣炳南庄	短
11　丹徒丁岗纪庄	详	37　丹徒荣炳蒲圩	简
12　丹徒丁岗留村	短	38　丹徒荣炳曲阳	短
13　丹徒丁岗饶巷	短	39　丹徒—润州蒋桥东山	短
14　丹徒高资红峰	简	40　丹徒—润州蒋桥马山	短
15　丹徒高资水台	详	41　丹徒—润州蒋桥嶂山	短
16　丹徒谷阳白露	短	42　丹徒三山黄序	简
17　丹徒谷阳东湖	短	43　丹徒上党丁村	短
18　丹徒谷阳驸马庄	短	44　丹徒上党后桥	短
19　丹徒谷阳湖滨	短	45　丹徒上党李韦	短
20　丹徒谷阳上甸	短	46　丹徒上党蒲村	短
21　丹徒谷阳西麓	短	47　丹徒上党上党	短
22　丹徒谷阳徐庄	短	48　丹徒上党铜涵	简
23　丹徒谷阳姚庄	短	49　丹徒上党铜涵	短
24　丹徒谷阳曾韩	短	50　丹徒上会东宝庄	短
25　丹徒谷阳诈输	短	51　丹徒上会枫庄	简
26　丹徒谷阳站岗	短	52　丹徒上会伏牛山	短

地点(县市/乡/村)	表	地点(县市/乡/村)	表
53 丹徒上会郦庄	短	84 丹阳珥陵珥陵	短
54 丹徒上会其益	短	85 丹阳珥陵蒋村	短
55 丹徒上会上会	短	86 丹阳珥陵双沟	短
56 丹徒上会元庄	简	87 丹阳访仙东茆	短
57 丹徒石马厚固	详	88 丹阳访仙访南	短
58 丹徒石马石马	简	89 丹阳访仙官庄	短
59 丹徒石桥华山	详	90 丹阳访仙三年	短
60 丹徒石桥庄基	短	91 丹阳河阳北陵	简
61 丹徒辛丰东石	短	92 丹阳河阳蔡基	详
62 丹徒辛丰辛丰	短	93 丹阳河阳丰洛	简
63 丹徒辛丰庄泉	短	94 丹阳河阳后观	简
64 丹徒姚桥漕丰	短	95 丹阳河阳井巷	简
65 丹徒姚桥东川	短	96 丹阳河阳三桥	简
66 丹徒姚桥伏元	短	97 丹阳横塘大钱	短
67 丹徒姚桥红光	短	98 丹阳横塘景巷	短
68 丹徒姚桥建新	短	99 丹阳横塘冷甲	短
69 丹徒姚桥迎南	短	100 丹阳横塘棋杆	短
70 丹徒姚桥佐家	详	101 丹阳横塘巷上	短
71 丹阳大泊长段	短	102 丹阳横塘肇达	短
72 丹阳大泊埝庙	短	103 丹阳后巷彭庄	简
73 丹阳大泊石潭	短	104 丹阳后巷童永	简
74 丹阳导墅导墅	短	105 丹阳胡桥宝山	简
75 丹阳导墅东邮	短	106 丹阳胡桥宝山	短
76 丹阳导墅葛家	短	107 丹阳胡桥岗背	短
77 丹阳导墅西村	短	108 丹阳胡桥经山	短
78 丹阳导墅西庄	短	109 丹阳胡桥夏墅	短
79 丹阳导墅下琴	短	110 丹阳胡桥于家	详
80 丹阳窦庄草塘	短	111 丹阳皇塘鲍舍	短
81 丹阳窦庄刘家	短	112 丹阳皇塘大庄	短
82 丹阳窦庄仁里	短	113 丹阳皇塘丁桥	短
83 丹阳窦庄瓦西	短	114 丹阳皇塘南西	短

地点(县市/乡/村)	表	地点(县市/乡/村)	表
115 丹阳建山陈山	短	146 丹阳麦溪松卜	短
116 丹阳建山高桥	短	147 丹阳麦溪许巷	短
117 丹阳建山帽山	短	148 丹阳埤城白龙寺	简
118 丹阳建山其林	短	149 丹阳埤城东巨	简
119 丹阳建山上庄	短	150 丹阳埤城楼下	简
120 丹阳蒋墅东河	短	151 丹阳埤城尧巷	简
121 丹阳蒋墅积善	短	152 丹阳埤城镇南	简
122 丹阳蒋墅钱甲	短	153 丹阳前艾春塘	短
123 丹阳界牌东头港	简	154 丹阳前艾蒯家	简
124 丹阳界牌黑桥	简	155 丹阳前艾胜利	短
125 丹阳界牌立新	简	156 丹阳前艾下蒯	短
126 丹阳荆林贺巷	短	157 丹阳前艾新民	简
127 丹阳荆林普善	短	158 丹阳全州白栎	短
128 丹阳荆林三城	短	159 丹阳全州全州	简
129 丹阳里庄白马	短	160 丹阳全州屯甸	简
130 丹阳里庄白庙	短	161 丹阳全州下邳	短
131 丹阳里庄东褚	短	162 丹阳全州香草	短
132 丹阳里庄迈庄	短	163 丹阳全州张寺	短
133 丹阳里庄南庄	短	164 丹阳司徒曹甲	短
134 丹阳陵口奔沟	短	165 丹阳司徒大坟	短
135 丹阳陵口东旺	短	166 丹阳司徒前村	短
136 丹阳陵口基庄	短	167 丹阳司徒司徒	短
137 丹阳陵口卢家	短	168 丹阳新桥八字桥	简
138 丹阳陵口倪家	短	169 丹阳新桥古巷	简
139 丹阳陵口新庙	短	170 丹阳新桥红江	简
140 丹阳吕城河南	短	171 丹阳新桥洪楼	简
141 丹阳吕城姜家	短	172 丹阳新桥林家桥	简
142 丹阳吕城井园	短	173 丹阳行宫九里	短
143 丹阳麦溪管巷	短	174 丹阳行宫圩庄	短
144 丹阳麦溪麦南	短	175 丹阳行宫五村	短
145 丹阳麦溪麦溪	详	176 丹阳行宫行宫	简

地点(县市/乡/村)	表	地点(县市/乡/村)	表
177 丹阳延陵	简	208 金坛指前庙圩	简
178 丹阳延陵胜巷	短	209 金坛朱林钱城	详
179 丹阳延陵星光	短	210 金坛朱林巷头	详
180 丹阳延陵杨庄	短	211 金坛朱林朱林	简
181 丹阳云林王师岸	短	212 靖江八圩江峰	详
182 丹阳云阳	简	213 靖江八圩十圩	详
183 丹阳运河荆茄	短	214 靖江八圩十圩桥	简
184 丹阳运河李家	短	215 靖江长安横河	简
185 丹阳折柳漕塘	短	216 靖江长安勤俭	简
186 丹阳折柳居庄	短	217 靖江城南北桥	简
187 丹阳折柳陆巷	详	218 靖江孤山王庄	简
188 丹阳折柳汤家	短	219 靖江红光涨公	简
189 金坛岸头东大林	简	220 靖江季市季东	简
190 金坛白塔白塔	简	221 靖江靖城	简
191 金坛白塔白塔	简	222 靖江马桥铭坤	简
192 金坛白塔下陵	简	223 靖江太和礼平	简
193 金坛白塔下陵	简	224 靖江土桥五四	简
194 金坛河头河头	简	225 靖江团结乐稼	详
195 金坛建昌迪庄	简	226 靖江西来建国	简
196 金坛建昌新河	简	227 靖江西来西来	简
197 金坛金城	简	228 靖江西来振兴	简
198 金坛金城花街	简	229 靖江斜桥斜桥	简
199 金坛涑渎方边	简	230 靖江越江同康	简
200 金坛涑渎立新	简	231 句容白兔兔东	简
201 金坛唐王溪北	简	232 句容陈武大华	简
202 金坛洮西上阳	简	233 句容陈武赵庄	简
203 金坛洮西下新河	简	234 句容东昌东昌	简
204 金坛西岗	简	235 句容东昌高仑	简
205 金坛薛埠薛埠	简	236 句容天王天王	简
206 金坛直溪汀湘	简	237 句容行香何家	简
207 金坛指前风车	简	238 句容行香朱古隍	简

地点（县市/乡/村）	表	地点（县市/乡/村）	表
239 句容袁巷斗门	简	270 溧水孔镇孔镇	短
240 溧水白马花山	简	271 溧水孔镇骆山	短
241 溧水白马李巷	短	272 溧水孔镇庄家边	短
242 溧水白马吴家边	短	273 溧水明觉光明	短
243 溧水白马张家山	短	274 溧水明觉明觉	短
244 溧水白马大树下	短	275 溧水明觉三星	短
245 溧水城郊沙河	简	276 溧水明觉西庄	短
246 溧水东庐韩湖	短	277 溧水群力爱民李家	短
247 溧水东庐茅园	短	278 溧水群力长征	短
248 溧水东庐秋湖	短	279 溧水群力联民	短
249 溧水东庐王笪	短	280 溧水群力群力	简
250 溧水东庐中山街	简	281 溧水群力杨家边	短
251 溧水东屏白鹿	短	282 溧水石湫庵头珠	简
252 溧水东屏方边	简	283 溧水石湫端秦	短
253 溧水东屏梁山	短	284 溧水石湫九塘	短
254 溧水东屏麻山	短	285 溧水石湫汤庄	短
255 溧水东屏王家山	短	286 溧水石湫塘头边	短
256 溧水东屏杨祥	短	287 溧水乌山大范	短
257 溧水和凤船桥	短	288 溧水乌山红星	短
258 溧水和凤沈家山下罗	短	289 溧水乌山秦淮	短
259 溧水和凤诸家	短	290 溧水乌山乌山	简
260 溧水洪蓝七里店张家	短	291 溧水乌山乌山	详
261 溧水洪蓝芮家塘	简	292 溧水乌山新春	详
262 溧水洪蓝塘西	短	293 溧水永阳戴家	短
263 溧水洪蓝天生桥后赵	短	294 溧水永阳前进	短
264 溧水洪蓝无想寺	短	295 溧水永阳十里	短
265 溧水晶桥芮家	短	296 溧水渔歌陈家	短
266 溧水晶桥水晶	短	297 溧水渔歌傅家边	短
267 溧水晶桥新桥	短	298 溧水渔歌路赵	简
268 溧水晶桥枣树巷	短	299 溧水渔歌毛家	短
269 溧水孔镇大沟圩	短	300 溧水渔歌蒲塘	短

地点(县市/乡/村)	表	地点(县市/乡/村)	表
301 溧水云鹤曹庄	短	332 如东华丰华南	简
302 溧水云鹤陈里杭	短	333 如东华丰犁丰	简
303 溧水云鹤七里埂	短	334 如东华丰晒盐场	简
304 溧水云鹤芝山	短	335 如东九总	简
305 溧水柘塘大陈	短	336 如东掘港	简
306 溧水柘塘交通	短	337 如东南坎茂新	简
307 溧水柘塘梅山	简	338 如东南坎齐心	简
308 溧水柘塘新淮	短	339 如东童店丁北	简
309 溧阳别桥马家	简	340 如东童店童北	简
310 溧阳上黄排棚	简	341 如东童店银杏 14 组	详
311 南通陈桥陈北	短	342 如东童店银杏 19 组	详
312 南通陈桥陈桥	短	343 如东饮泉墩北	简
313 南通陈桥孩儿桥	短	344 如东饮泉双北	简
314 南通狼山区	详	345 如皋长江东平	简
315 南通狼山新港	简	346 如皋长江四案	简
316 南通狼山镇	简	347 如皋长青沙长新	简
317 南通秦灶秦北	短	348 如皋长青沙西圩 1 组	简
318 南通秦灶西安桥	短	349 如皋长青沙西圩 4 组	简
319 南通秦灶沿河桥	短	350 如皋高明芦西	简
320 南通天生港	简	351 如皋葛市葛村	简
321 南通幸福管园	短	352 如皋江防平北	简
322 南通幸福花桥	短	353 如皋江防永平闸	简
323 南通幸福幸福	短	354 如皋九华郭李	简
324 南通永兴永兴	短	355 如皋营房耿扇	简
325 南通闸东新村	短	356 如皋营房六号 9 组	简
326 南通闸西八一	短	357 如皋营房六号	详
327 如东北坎鱼鳞桥	简	358 如皋张黄港凤龙	简
328 如东兵防东安	简	359 泰兴曲霞应达	详
329 如东曹埠跨岸	简	360 通州北兴桥合村	简
330 如东长沙长北	简	361 通州北兴桥永胜	简
331 如东丁店匣东	简	362 通州川港川南	短

地点(县市/乡/村)	表	地点(县市/乡/村)	表
363 通州川港川西	短	394 通州李港柴五圩	短
364 通州东社顾家园	短	395 通州李港李港	简
365 通州东社跑灶	详	396 通州李港天后宫	短
366 通州东社糖坊桥	短	397 通州李港王北圩	短
367 通州东余东余	短	398 通州刘桥刘西	短
368 通州二骛爱北	简	399 通州刘桥水洞口	短
369 通州二骛志新	简	400 通州刘桥徐园	短
370 通州二甲	简	401 通州南兴八字桥	短
371 通州二甲定兴	短	402 通州平潮老墩	短
372 通州观音山	简	403 通州平潮平西	短
373 通州—海门四甲	简	404 通州平东龙门埭	短
374 通州海晏近海	短	405 通州平东薛家桥	短
375 通州海晏振兴	短	406 通州骑岸季庄	短
376 通州海晏镇区	短	407 通州骑岸骑岸	短
377 通州恒兴闸东	短	408 通州骑岸骑南	短
378 通州横港丁涧店	短	409 通州骑岸张沙	短
379 通州横港高岸	短	410 通州庆丰庆丰	简
380 通州横港港南	短	411 通州三余—海门德胜	短
381 通州姜灶姜川	简	412 通州三余前进	短
382 通州姜灶望海台	短	413 通州三余一社	短
383 通州金乐文山	短	414 通州三余永兴	短
384 通州金沙	详	415 通州三余中义	短
385 通州金沙界牌	短	416 通州纱场季埠	简
386 通州金沙九华山	短	417 通州纱场纱场	简
387 通州金沙三里墩	短	418 通州纱场王埠	详
388 通州金沙同南	短	419 通州十总顾灶 3 组	简
389 通州金西张校	简	420 通州十总顾灶吴敏才	简
390 通州金西张校 7 组	简	421 通州十总顾灶吴雪平	简
391 通州金余	简	422 通州十总双墩	短
392 通州金余九总港	简	423 通州石港长港	短
393 通州金余平桥	短	424 通州石南卞桥	短

地点(县市/乡/村)	表	地点(县市/乡/村)	表
425 通州石南新貌	短	455 通州新坝坝西	短
426 通州四安建文	短	456 通州新坝姜港	短
427 通州四安酒店	短	457 通州新坝三港	短
428 通州四安温桥	短	458 通州新联洞坝口陈	短
429 通州四安赵良桥	短	459 通州新联洞坝口丁	短
430 通州唐洪杨港	短	460 通州新联渡缺口	短
431 通州唐洪银杏	短	461 通州新联尹家园	短
432 通州五甲白龙庙	短	462 通州兴东天竺山	短
433 通州五甲平和	短	463 通州兴东杨世桥	短
434 通州五甲三马路	短	464 通州兴东永庆	短
435 通州五甲同兴灶	简	465 通州兴仁三庙	短
436 通州五甲协力	简	466 通州兴仁杨弯	简
437 通州五接冯陈圩	短	467 通州英雄十五里庙	短
438 通州五接五接	短	468 通州英雄万愿楼	短
439 通州五接香官圩	短	469 通州余北北潭	短
440 通州五窑金庄	短	470 通州余北稠耙沟	短
441 通州五窑芦鸭荡	短	471 通州余北余北居	短
442 通州五窑许家港	短	472 通州余西大悲殿	短
443 通州五总东场	短	473 通州袁灶进东	短
444 通州五总渡海亭	短	474 通州袁灶袁南	短
445 通州五总五西	短	475 通州张芝山居委	短
446 通州五总雁北	短	476 通州张芝山天星	短
447 通州西亭渡南	短	477 通州张芝山薛沙	短
448 通州西亭澜平桥	短	478 通州赵甸甸北	短
449 通州西亭西禅寺	短	479 通州赵甸杨木桥	短
450 通州西亭沿河西路	短	480 通州正场红明桥	简
451 通州先锋蔡小菊	简	481 通州正场双池头	短
452 通州先锋张杰	简	482 通州正场正场	简
453 通州小海大撇港	简	483 通州忠义同盟	短
454 通州小海骆化	短	484 通州竹行长桥	短

附录三　三个方言点短表示范

地点	丹阳市大泊镇埝庙村	丹阳市大泊镇石潭村	丹阳市大泊镇长段村
调查时间	2001 年 7 月 26 日	2001 年 7 月 26 日	2001 年 7 月 26 日
发音合作人	刘仲俊	眭渭德	史炳文
性别	男	男	男
出生年月	1958.6	1949.2	1958.4
职业	办事员	会计	乡人武部长
文化程度	大专	高中	大专
记音人	Richard VanNess Simmons（史皓元）	顾黔	石汝杰
岸（河岸，岸边）	$m^{31} p\textit{l}^{1}$	η^{33}	$\hbar ə^{22} p\textit{l}^{44} li^{5}$
不（他不来，不去）	$t^{h}a^{33} pə ʔ^{5} k^{h}æ^{31}$	$pəʔ^{5}$	$fəʔ^{5} k^{h}æ^{1}$
不要（别）	$p\textit{l}ʔ^{5} iɔ^{53}, piɔ^{53}$	$pəʔ^{5} iɔ^{213}, piɔ^{213}$	$fəʔ^{5} iɔ^{53}, fiɔ^{53}$
菜	$ts^{h}æ^{53}$	$ts^{h}a^{213}$	$ts^{h}a^{53}$
蔡（姓蔡）	$ts^{h}a^{53}$	$ts^{h}a^{213}$	$ts^{h}a^{53}$
茶	tsu^{25}	$tɕyʊ^{213}$	$dʒyʊ^{213}$
长（长短）	$tsæ^{25}$	$ts \tilde{a}^{213}$	dza^{213}
车（车子）	$ts^{h}a^{33}$ 多, $ts^{h}u^{33}$ 少	$tɕ^{h}yʊ^{33}$	$tʃ^{h}ʊ^{33}$
大	$tʌ^{53}$	$ta^{213}, tɯ^{33}$	$də^{21}$
戴（戴帽子）	ta^{53}	ta^{213}	$ta^{53} (mɔ^{21} təʔ^{1})$
带	ta^{53}	ta^{213}	ta^{53}
袋子	$tæ^{53} təʔ^{1}$	$ta^{33} təʔ^{2}$	$da^{21} təʔ^{1}$
的	$keʔ^{5}$	$kəʔ^{3}$	$kəʔ^{1}$
东西（指物）	$toŋ^{44} ʃ\textit{l}^{2}$	$tɔm^{33} ɕji^{2}$	$toŋ^{55} s\textit{l}^{1}$
懂（广东话我不懂）	$toŋ^{45}$	$t \tilde{ɔ}^{35}$	$toŋ^{35}$
端（端凳子）	$t \tilde{ɯ}^{33}$	$t \tilde{ʊ}^{33}$	$t \tilde{ɔ}^{33}$

地点	丹阳市大泊镇埝庙村	丹阳市大泊镇石潭村	丹阳市大泊镇长段村
儿子	ɛ⁴⁴ təʔ²	e²¹³ təʔ⁴	ei³³ təʔ⁵
耳朵	ɛ³³ tɔ³³	e³³ tɔ³	ei³³ dei³³
痱子 丹阳:热疥	n ɿʔ⁴ ka¹	ni ɿʔ⁵ ka²¹	n ɿʔ²³ ka³⁵
孵(孵小鸡)	fu³³	vu³³	fvu³¹
割(割麦)FY:樵(麦)	kuəʔ²³﹥³ məʔ³	ɕiɔ²¹³ məʔ⁵	kuəʔ⁵³
跪	kue⁵³	kuei³³	guei²²
锅	kʌ³³	kɯ³³	kə³³
河	xʌ²⁵	xɯ²¹³	hə¹³
湖	vɯ²⁵	vu²¹³	vu²¹³
和(连词)	k ẽ³³, tɔ⁵³, kɔ⁵³	kən³³, kɔ³³	kɐn³³
虹 FY:鲎,杠	kã⁵³	kã²¹³	hei³⁵, k ɑ̃⁵³
厚	xe²⁵	xe²¹³	ɦei²¹³
花	hu³³	xu³³	hʊ³³
环(铁环)	tʰ ɿʔ⁵ xuæ²⁵	xua²¹³少, kua²¹³多	gua¹³
九	tɕiu⁴⁵	tɕiu³⁵	tɕiɤ³⁵
酒	tɕiu⁴⁵	tɕiu³⁵	tɕiɤ³⁵
快	kʰua⁵³	kʰua²¹³	kʰuɑ⁵³
脸,面孔	mɿ⁵³ kʰoŋ¹	liɿ³⁵, miɿ³¹ kʰ ɔ̃¹	mɿ²¹ kʰoŋ¹
没有(没有车票)	məʔ² təʔ⁵	məʔ²³ təʔ⁵	məʔ²³ təʔ⁵
[还]没有(还没有吃饭)FY:不曾,勿曾	a²⁵ pəʔ⁵ tsʰ æ̃²⁵	a²¹³ pəʔ⁵ tsʰən¹³	ɦia² fəʔ⁵ tsʰən³⁵
男人	n ũ²² kə³³ ka⁴	n ʊ̃²¹³ gɔ³ ka⁵ lɔ³⁵ ɕiɔ³⁵ ka⁵ (限青少年)	n ɛ̃¹³ kɤ⁵⁵(kɑ⁵)
女人	ny̥⁵³ kə²² ka²	ȵy⁵³ kɔ¹ ka⁵, u³⁵ de³ ka⁵(限青少年)	ȵjy³¹ kɤ⁵⁵(ka¹)
热	n ɿʔ²³	ni ɿʔ⁵	n ɿʔ²³
人	niŋ³³	nin³³	nin²²
肉	ȵioʔ²³	ȵiʊʔ⁵	ȵioʔ²³
软	ȵi ũ̃²⁵	ȵ̩ ũ²¹³	ȵin²¹³

地点	丹阳市大泊镇埝庙村	丹阳市大泊镇石潭村	丹阳市大泊镇长段村
睡觉	kʰuɐn⁵³kɔ⁵³⁼¹	kʰuɐn⁵³kɔ³¹	kʰuɐn²¹kɔ⁵³
他	tʰɑ³³	tʰɑ³³	tʰɑ²²
瓦,瓦片	ŋu²⁵	ŋu²¹³,ŋu⁵³pʰiɪ³¹pʰiɪ¹	ŋʊ²¹³,ŋʊ⁵³pʰiɪ²¹
袜子	mɑʔ⁵təʔ¹	mɑʔ²³ təʔ²	mɑʔ²³ təʔ⁵³
外头,外面	væ²² te¹	va³³ de¹	ʋa²¹ dei¹
玩儿 FY:耍子,嬉,戏	ʃi⁵³ʃi²	ʃi⁵³ʃi¹	sʅ⁵³sʅ¹
晚(已经很晚了)FY:晏	iɑ⁵³,mæ²⁵	ma²¹³ia³¹lie¹	ma²¹³
味道	mʐ̩²² tɔ¹	mji³³ tɔ³	mji²¹ dɔ¹
尾巴	mʐ̩⁴⁴ pu¹	mji³³ pu³³	mji²² bu¹³
虾	tsɔ³³ hu³	tsɔ³³ xu³³	tsɔ³³ hu³³
咸(咸淡)	hæ²⁵	xa²¹³	ɦa²¹³
鱼	ȵyʐ̩³³	ȵy³³	ȵy²²
鱼鳞	ȵyʐ̩³³ʅ⁵⁵	ȵy³³iɪ³⁵	ȵy²²ʅ⁴⁴
鱼刺 FY:鱼骨头,鱼芒	ȵyʐ̩³³mɑ̃²²	ȵy²³mɑ̃³³	ȵy¹³mɑ̃³³
站(站起来)FY:立	liɪʔ²³	tsa⁵³	liɪʔ¹³,tsa⁵³tɕʰyɪʔ³la¹
找(寻找)	ɕin²⁵	ɕin²¹³	zin¹³,tsɔ³⁵
找零钱	tsɔ⁵⁵liŋ³³ɕi²	tsɔ³⁵	tsɔ³⁵
赵(姓赵)	tsɔ⁵³	tsɔ³³	tsɔ¹³,dzɔ¹³
桌子 FY:台子	tæ⁴⁴təʔ²	ta²¹³təʔ⁵	da²²təʔ⁵³
走	tse⁴⁵	tse³⁵	tsei³⁵
跑	pʌ³³	pɯ³³	bə³³
嘴	tsʮ⁵⁵ku⁵lã¹	tɕy³⁵	tʃʮ³⁵,tʃʮ²²pəʔ²təʔ²
坐(坐在地上,坐船去)	tsʌ²⁵	tsɯ²¹³	dzə¹³

说明:通常轻声用"0"表示,但口语中轻声的音值有高有低,各不相同。因此我们用不同的数值表示实际的音高,如"岸 m³¹pɪ¹"中"1"表示轻声,音值为 1;"岸 ɦə²²pɪ⁴⁴li⁵"中"5"表示轻声,音值为 5;"耳朵 e³³tɔ³"中"3"表示轻声,音值为 3。

后　记

　　出于共同的研究兴趣,我们申请获得美国 Henry Luce 基金——中美两国合作研究项目(Henry Luce Foundation:United States－China Cooperative Research Program)和中国国家社科基金项目的资助,同时得到中国教育部、江苏省和南京大学、苏州大学的支持,自 1999 至 2004 年五年间,于江淮官话与吴语的交界地区——江苏境内长江两岸丹阳、南通、通州等十几个县市的农村,展开实地田野调查,覆盖面积约达 4000 平方公里。记录简表 155 本,详表 24 本,短表 305 本,共计 484 本,详参附录二调查地点目录。

　　感谢当地政府和群众的支持,我们经常碰到几个人同时做我们的发音合作人的情况。孙华先、王建军、周远富、郭骏、邵冠世、吴凤山、李小芳、曹晓燕、高云峰、沈子昇、程序、徐立、陈琨、周建国、徐铁生、陈婷婷、颜峰、周梅、支洁等参加了本项目的工作,没有他们的艰辛付出和大力协助,要完成如此规模的田野调查和数据输入是不可能的。中华书局的舒琴编辑为本书的出版付出辛勤的劳动,在此一并表示衷心的感谢!

　　本课题的另一个成果《方言地理学:江淮官话与吴语边界的调查研究》将于 2006 年由上海教育出版社出版。

　　由于作者的才识所限,本手册的缺失在所难免,恳切希望专家学者批评指正!

Richard VanNess Simmons(史皓元)　顾黔　石汝杰

2005 年 10 月